臨床家族心理学

現代社会とコミュニケーション

秋山邦久 著
Kunihisa Akiyama

福村出版

JCOPY 〈(社)出版者著作権管理機構 委託出版物〉

本書の無断複写は著作権法上での例外を除き禁じられています。複写される場合は、そのつど事前に、(社)出版者著作権管理機構（電話 03-3513-6969、FAX 03-3513-6979、e-mail: info@jcopy.or.jp）の許諾を得てください。

はじめに

　先日，ある町を車で走っていたら，「ことばがけの多い家庭に非行なし！」という看板を見つけた。子どもたちの問題がマスコミによって報じられると，「現代の家族は親子の会話が少ないために，子どもにさまざまな問題が生じる」とか，「親子のコミュニケーション不足だ」などという論評が目立つようになる。このように「少ない」とか「不足」といった量的な問題として，親子間のコミュニケーションを論じてしまうと，その対応として看板のような「ことばがけを多く」とか，「親子の会話時間を増やせ」といった短絡的な対応策が示されてしまうことになるが，はたして親子で会話する時間を増やし，親のことばがけが多くなれば，子どもの問題は解消するのであろうか。

　いつだったか，児童相談所の待合室に，髪をピンクに染め，耳と唇にピアスをつけ，変形した学ランを着た男子中学生とその母親が待っていたことがあった。何気なくその二人の様子を見ていたら，母親が「お前がそんな格好して，親や先生の言うことを聞かないから，こういう所へ来なきゃならないんだよ。母さんわざわざパート休んだんだからね。少しは親の気持ちも考えなさいよ……」などと言っている。息子は「うるせーな，お前がそうしていつもガミガミ言うからイラつくんだよ。少しは黙ってろよ！」と反論。「親に向かってお前って言うことはないだろう！」と母親も負けていない。こうしたやりとりが，面接が始まるまでしばらく続いていた。

　まあ，何ともことば数の多い親子だと感心したが，息子さんはなかなかの不良君なのである。適切なコミュニケーション，あるいは会話というのは，ことば数や話している時間の量ではなく，お互いのことばが相手に届くこと，そしてその意味が共有されることが大切なのである。先の不良君の場合も，飛び交うことば数も時間も多いが，母親も息子も自分の言いた

いことだけを一方的に言っているだけで，相手にことばが届いていない。つまり，親子間のコミュニケーションが不足しているのではなく，コミュニケーション不全なのであり，コミュニケーションの質の問題なのである。また，それは親だけの問題でも，子どもだけの問題でもない。双方の関係のもち方が問われているのである。このため，非行行動に走っている息子だけに援助したり親だけを支えていても，解決までには時間がかかる。援助としては，この母子の関係性全体への働きかけが求められる。つまり，ここに家族をシステムとして捉え，そのシステム全体に働きかけていく家族臨床の視点の必要性があると言える。

筆者は前職が児童相談所の心理判定員（現：児童心理司）であったこともあり，今も全国の児童相談所や児童養護施設をはじめとする児童福祉関係の職員の方々と勉強をさせていただく機会が多い。その方々の話を聞いていると，いかに児童虐待の相談事例が急増しており，相談援助の現場が戦場と化しているかを肌で感じる。

たしかに，以前から児童相談のなかでも，特に養護相談や非行相談の事例では，常に児童虐待を視野に入れた対応が求められてきた。しかし，近年はその件数が急増しているだけではなく，一つひとつの事例が一筋縄ではいかない複雑困難なものが多くなってきている。このため，第一線で対応している職員が疲労困憊している状況が常態化している。

同じような状況が，学校教育の現場でも生じている。教師が子どもたちへの対応に追われるだけではなく，モンスター・ペアレントとよばれる保護者への対応で教師が追い詰められ，「ゆとりのある教育」が困難な状況が広がってきている。ある小学校の先生が「私は教師ですからね，子どもがどんなに大変な問題を起こしても，少しぐらい対応が難しくても，何とかするし，頑張れるのですよ。でも，その子どもの家庭のことや親への対応は，ほんとうに難しい。子どものためには親への対応も必要ですから，無理に無理を重ねて頑張ってみるのですが，うまくいかない。今では無力感で押しつぶされそうになっています」と話されたのが，なんとも痛々しかった。

このように，援助する側が疲労していたのでは，適切で有効な援助も難しくなり，結局は援助の対象となる人たちにも不利益をもたらすことになる。したがって，児童福祉領域においても，学校教育の現場でも，これからは援助する側が，対象となる家族全体を常に意識し，そこに適切に働きかけていく視点と技法をもつことが，これらの課題に対処するためには必要になると考えられる。

　そこで，こうした課題への処方箋を専門の家族心理学の立場から考えていくことにした。もちろん，これらの問題のすべてが家族心理学だけで解決できるほど簡単なものではないことも十分に理解したうえで，なるべく現場での臨床実践に活かせるように，主に筆者が関わった事例（自例）を基にしながら検討していくことにする。事例の提示については，当事者の同意を得ているが，本人が特定できないように本筋からそれない程度の変更を加えてあることを，あらかじめお断りしておく。

目　　次

はじめに

1章　現代家族の諸問題……………………………………………11

1　児童虐待　11
2　高齢者虐待　13
3　ドメスティック・バイオレンス　13
4　親族間殺人　14
5　不登校　15
6　ニート・引きこもり　16
7　統計を利用する場合の問題点　17
8　マスメディアの問題　18
　コラム1　臨床的マスキング現象　20

2章　現代家族の特徴と特殊性……………………………………21

1　家族とは　21
2　家族の形態　22
3　家族の機能　24
　コラム2　現代家族と未来の家族　27

3章　家族の誕生から消滅まで……………………………………29

1　家族誕生前史　29
2　家族の誕生と発達　32
3　家族の消滅　50
　コラム3　思春期息切れ型不登校　52

4章　家族関係の理解………………………………………………53

1　夫婦関係　53

2　親子関係　58
　　3　母子カプセルと世代間境界　58
　　4　きょうだい（同胞）関係　59
　　5　家族内の母性と父性の兼ね合い　60
　　　コラム4　多様な家族の形態と父親的・母親的役割　65

5章　現代家族の課題とその対応……………………………67
　　1　価値観の多様化への対応　67
　　2　コミュニケーションの工夫～内容と文脈～　74
　　3　時代の変化と文脈　77
　　　コラム5　マスコミと育児不安　82

6章　家族支援と文脈……………………………83
　　1　相談者のモチベーション（来談の動機付け）　83
　　2　相談者と援助者の関係性　83
　　3　援助関係と助言　85
　　4　援助関係の調整と変化　86
　　5　援助関係の変化について　93
　　6　社会変化と自己決定能力　98
　　　コラム6　自己決定能力　109

7章　環境の変化と子どもへの対応……………………………111
　　1　環境の変化とストレス　111
　　2　環境の変化と子どもへの影響　112
　　3　環境の変化への大人の対応　115
　　　コラム7　内部環境の変化　117

8章　子どもからのサインを受け取る……………………………119
　　1　「ことば」にならないサイン　119

2 身体症状としてのサイン　120
 3 行動としてのサイン　122
 4 被虐待児の示す行動的サイン　123
 5 子どものサインを見逃さないために　125
　コラム8　児童虐待　126

9章　家族支援における専門機関との連携　127

 1 児童相談所とは　127
 2 真の連携とは　130
 3 専門職とは　131
 4 連携とコーディネート　133
 5 施設職員の人間関係　134
 6 家族支援の視点と方法　139
　コラム9　家庭訪問　143

10章　発達障害と家族　145

 1 アスペルガー症候群とコミュニケーション　147
 2 アスペルガー症候群への援助の実際　148
　コラム10　発達障害　154

11章　家族問題の解決に向けて　155

 1 面接の主体性について　155
 2 家族成員の構造と関係性の把握　156
 3 解決に向けての関わり　157
 4 ソリューション・トーク　158
　コラム11　説得話法　163

参考文献
事項索引

1章 現代家族の諸問題

＊＊＊＊

　児童虐待や家族内での殺傷事件など，家族内での悲惨な事件が毎日のように報道されている。その他にも，不登校，ニート，引きこもり，高齢者介護の問題など，家族関係や子育てに関するさまざまな問題が報じられている。

　これらの報道や情報に触れると，まさに現代は家族とは何かが一層問われ，家族崩壊の危機感が募る時代のような気持ちになる。政府でも，スクール・カウンセラーの配置や，スクール・ソーシャルワーカーの新設，子育て支援などの政策や，少年法の適応年齢の引き下げ，児童虐待防止法の改正などの法整備を行っているが，なかなか成果がみられない。

　そこで，まず統計的な資料から，現代家族のさまざまな問題について，その現状を明らかにすることから始めることにする。

1　児童虐待

　厚生労働省が平成19（2007）年9月28日に公表した「平成18年度社会福祉行政業務報告（福祉行政報告例）」では，平成18（2006）年度に全国の児童相談所で対応した児童虐待相談対応件数は37,323件で，統計をとり始めた平成2（1990）年度を1とした場合の約34倍，児童虐待防止法施行前の平成11（1999）年度に比べると約3倍強と，年々増加しているとことが分かる（図1-1，表1-1）。

　また，同じ報告の中で，平成17（2005）年度に全国の市町村が対応した児童虐待相談対応件数が40,222件と記載されており，平成17年度に全国の児童相談所が対応した児童虐待件数34,472件よりも5,750件も多いことが

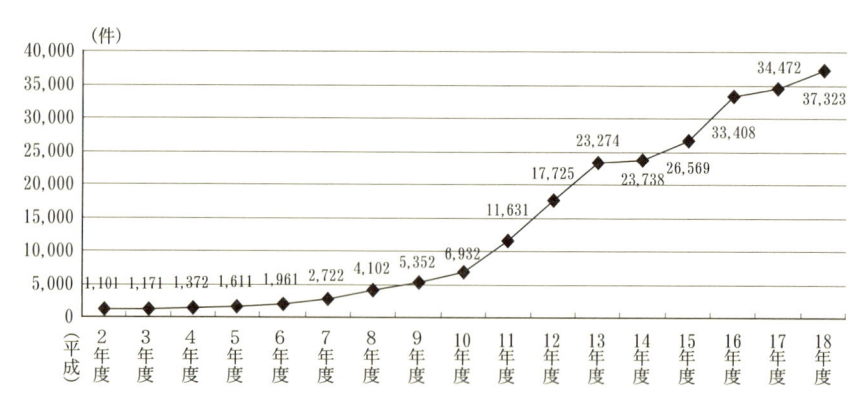

図1-1 過去の児童虐待対応件数（厚生労働省HPより抜粋）

表1-1 過去の児童虐待相談対応件数の伸び率

児童虐待対応件数		平成2年度を1とした伸び率（％）
（平成） 2年度	1,101	1
3年度	1,171	1.06
4年度	1,372	1.25
5年度	1,611	1.46
6年度	1,961	1.78
7年度	2,722	2.47
8年度	4,102	3.73
9年度	5,352	4.86
10年度	6,932	6.3
11年度	11,631	10.56
12年度	17,725	16.1
13年度	23,274	21.13
14年度	23,738	21.56
15年度	26,569	24.13
16年度	33,408	30.34
17年度	34,472	31.31
18年度	37,323	33.9

分かる。つまり，児童虐待相談対応件数統計に表れる数字は氷山の一角であり，その数字の陰にさらに多くの児童虐待が存在しているのである。

2　高齢者虐待

　一方，同じく厚生労働省が平成19（2007）年12月に公表した，「平成18年度高齢者虐待の防止，高齢者の養護者に対する支援等に関する法律に基づく対応状況等に関する調査結果」によると，平成18（2006）年度に全国の1,829市町村（特別区を含む）で受け付けた養護者による高齢者虐待に関する相談・通報総数は，18,390件であったと報告されている。この高齢者虐待の数字も，もちろん相談や通告があったものだけをカウントしているのであり，実際にはその何倍もの隠れた高齢者虐待が存在していると考えられる。

3　ドメスティック・バイオレンス

　かつて，家庭内暴力というと子どもが親に対して暴力を振るう現象をイメージすることが多かったが，近年，夫（妻）が妻（夫）に暴力を振るったり暴言を吐いたりするなどの（事実婚や恋人間の暴力も含む）配偶者間の暴力（身体的暴力・精神的暴力・性的暴力・経済的暴力・社会的隔離）についても問題意識が高まり，DV（ドメスティック・バイオレンス）は犯罪であるとして認識されるようになった。

　このため国は，「配偶者からの暴力の防止及び被害者の保護に関する法律」（通称：DV防止法）を平成13（2001）年から施行し，平成19（2007）年には身体的暴力だけでなく，配偶者から生命・身体に対する脅迫を受けた被害者も保護命令を申し立てることができるようになる等，保護命令の対象や内容を拡大するなどの法改正が行われた。

　内閣府の調査によると，平成14（2002）年度に全国の配偶者暴力支援センターで扱った相談件数は35,943件であったが，平成19（2007）年度には62,078件と，5年間で1.7倍にも増えている。また，警察庁の統計では，平成19年度に全国の警察が対応した配偶者暴力件数は20,992件であった。

表1-2　殺人事件における親族間殺人の検挙件数と割合

年度	検挙件数（件）	割合（％）
（平成）　10年度	520	42.6
11年度	459	41.8
12年度	514	42.2
13年度	492	42.5
14年度	512	41.4
15年度	530	42.1
16年度	557	45.5
17年度	541	44.2
18年度	542	46.9
19年度	506	48.1

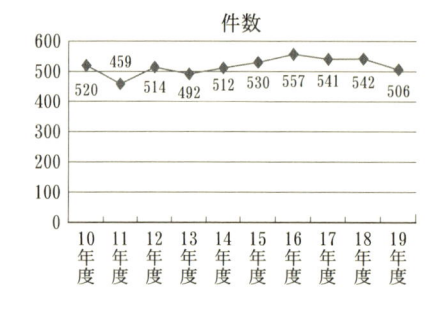

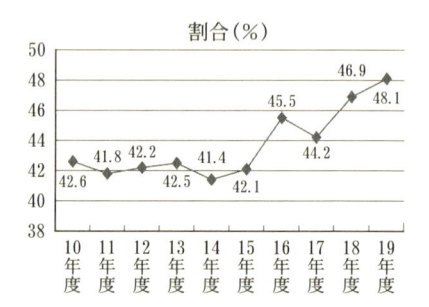

図1-2　殺人事件における親族間殺人の検挙件数と割合

4　親族間殺人

　警察庁が発表した平成19（2007）年の犯罪情勢（平成20年5月公表）によると，平成19年の殺人事件の検挙総数1,052件の内，親族間殺人件数は506件に及び，殺人事件に占める親族間殺人の割合が48.1％と半数近くに上ることが示されている。平成10（1998）年度から平成19（2007）年度までの10年間の殺人事件における親族間殺人の検挙件数と割合をグラフにしたものが表1-2と図1-2であるが，徐々にその割合が増えてきていることに気づく。

　加害者と被害者との関係でみると，子どもが親を殺害した件数は平成19（2007）年が133件であり，配偶者が被害者となった192件に次いで多い。

また，親による子殺しが102件であり，このなかには親による児童虐待の末に子どもの命が奪われたケースも含まれている。さらに，きょうだい間での殺人は42件，祖父母や孫といったその他の親族間殺人が37件ある。

5　不登校

文部科学省の報告によると，平成18（2006）年度に全国の国公私立小・中学校における不登校児童生徒数（30日以上の欠席者）は，小学校で23,824人，中学校では102,940人であり（表1-3），それぞれ総児童生徒数に占める

表1-3　不登校児童生徒数の推移

年度	小学生（人）	中学生（人）
（平成）　8年度	19,498	74,853
9年度	20,765	84,701
10年度	26,017	101,675
11年度	26,047	104,180
12年度	26,373	107,913
13年度	26,511	112,211
14年度	25,869	105,383
15年度	24,077	102,149
16年度	23,318	100,040
17年度	22,709	99,578
18年度	23,824	102,940

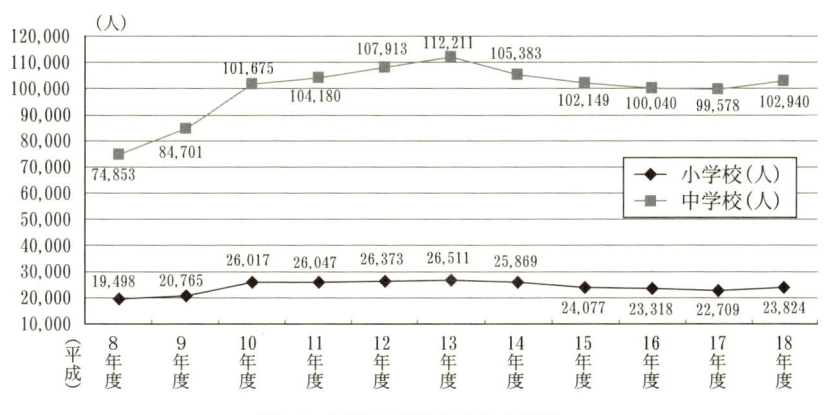

図1-3　不登校児童生徒数の推移

比率は，小学校で0.33％，中学校で2.86％であった。

平成8（1996）年度から10年間の不登校児童生徒数の推移をグラフにした図1-3を見ると，平成13（2001）年度をピークにして徐々に減少してきているが，少子化による児童生徒総数の減少を加味して考えると，実際にはさほど減少傾向にあるとは考えにくい。また，不登校は小・中学校だけに限ったことではなく，高等学校における中退やその後の引きこもりなどとも密接に関連してくる問題である。

6　ニート・引きこもり

ニート（「Not currently engaged in Employment, Education or Training」の略語）はイギリス政府が労働政策における人口分類として使った言葉であるが，日本では，「非労働力人口のうち年齢15歳～34歳，卒業者，未婚であり，通学・家事をしていない者」「学籍はあるが，学校に行っていない者」「既婚者で家事をしていない者」と，厚生労働省は定義している。総務省統計局の資料によると，ニートは平成13（2001）年の49万人から平成14（2002）年には64万人にまで達したが，平成18（2006）年には62万に減少している。

一方，引きこもりは正確な統計をとることが難しいこともあって，正確な数値は示されていないが，全国に50万人から100万人ほどはいると考えられている。東京都が平成20（2008）年に発表した引きこもりに関する調査結果によると，引きこもりの年齢層別では，「30～34歳」が全体の43％で最も多く，「15～19歳」「20～24歳」「25～29歳」はいずれも18％である。若年層よりいわゆる働き盛りといわれる30歳代が多いことが示されている。労働力不足やそこからくる税収の問題，そして年金などの社会保障制度にまで影響が及ぶ，きわめて社会経済的な問題であると考えられる。また，引きこもりは，結婚や出産からも遠ざかるため，少子化の問題などにも関わる課題である。さらに，将来的には，彼らの生活を支えてきている親世代が高齢化し，収入が減ったり亡くなったりした時に，一気に家族問題として現れることが予想される問題でもある。

7　統計を利用する場合の問題点

　以上，公表された統計をもとに現代家族の諸問題の一側面をみてきた。こうしてみると，現代家族はさまざまな問題を抱えており，このままだと家族は崩壊してしまうような危機感を抱くのも当然だろう。また，マスコミやインターネットから日々流れてくる家族に関連した事件を見聞きすると，そのような不安が高まることもうなずける。

　しかし，本当に現代家族は危機に陥っているのであろうか。この疑問について，統計を利用する場合の問題点から考えてみよう。

　公開されている統計資料を用いて検討を行う場合，統計の抽出方法に注意しなければならない。たとえば，先にあげた親族間殺人の検挙件数は，平成10（1998）年度からの動向である。これをさらに法務省法務総合研究所の犯罪白書で遡ってみていくと，昭和63（1988）年は488人（全殺人件数中39.0％），平成元（1989）年は454人（同39.9％）と，たしかに現代の方が人数も比率も増加していることが分かる。ところが，子殺しは昭和54（1979）年には297件，昭和58（1983）年は259件，昭和60（1985）年は241件と，実数で現在の2倍近くの検挙件数が報告されているのである。また，母数となる人口総数が異なるため，件数や比率をそのまま比較することにも問題が残る。

　また，統計を用いる場合に留意しなければならないことは，家族間の問題は統計には現れない部分が多いという点である。その一つは，家族内の問題が外に知られるのは恥ずかしいといった意識が強く，問題が生じても家族内で処理し隠蔽するなど，家族の閉鎖性によるものである。もう一つは，家族内でおこるさまざまな現象を，社会の側が問題であると認めない限り，問題として取り上げられないという点である。つまり，家族問題は，社会に認知された時に初めて件数とされるため，隠れた問題はそこから推定しなければならないということになる。児童虐待やDVなどは，以前からそうした事件や現象はあったにもかかわらず，家庭内の問題として外部に知らされず，仮に外部で気づいたとしても，それを問題とする認識が

社会に育っていなかったために認知されず,近年までそれをカウントする分類項目すらなかったのである。

　また,何を問題とするのかも時代とともに変わるため,以前は問題ではなかったことが,別の時代には問題とされたり,問題とされていたものが逆に賞賛されたりすることにもなる。昭和40年代後半からテレビで放送されていた『巨人の星』(1968. 3. 30〜1971. 9. 18 日本テレビ) というアニメは,自らが果たせなかった巨人軍での活躍という夢を,父親が一人息子に託し,幼児期からスパルタ教育を行うというものである。息子の筋力をつけるために,大リーグボール養成ギブスを息子に身につけさせたり,他の子どもたちと遊ぶことを禁止したりしている。当然,そうした父親の養育態度に息子や娘が従わなかったり異議を唱えたりすると,この父親はちゃぶ台をひっくり返し,子どもたちを殴ったりしている。今日であったら,児童虐待と認められ非難される行為のオンパレードであるが,スポ根(スポーツ根性) アニメとして,人気を集めていた。

8　マスメディアの問題

　この社会の認識の変化については,マスコミなどのメディアの影響をも考慮していかなければならない。私たちは,自分の周りに物理的に存在しているものや,周囲で起きている現象のすべてが現実だと思いがちであるが,実際はそうではない。情報として与えられるものでも,私たちが自分にとって意味のあることと意識した時に初めて,その情報が私たちにとっては現実となるのである。

　たとえば,毎日,テレビのニュースで世界各地の天気予報が流されている。しかし,多くの日本人にとっては,エジプトのカイロの天気などまったく意味のない情報であるため,ほとんど意識に上ることなく聞き流している。ところが,家族や知人の誰かが仕事や旅行でカイロに出かけたとなると,途端にカイロの天気予報が自分にとっても意味をもち,現実となるのである。つまり,意識したことだけがその人にとっては現実であり,自分の隣で起きたことでも,そのことに気がつかなければ意識もされず,そ

の事実は初めからなかったこととして，私たちは処理してしまうのである。

　現在は超情報化時代といわれるように，全国各地，あるいは地球上のどこで起きた事件も，瞬時に全世界に発信されて伝わっていく。そして，マスメディアは，その事件が私たちにさも関係があるかのような，センセーショナルな伝え方をする。このため，マスメディアによって流された情報は，私たちにとって意味があるものと認識されやすい。つまり，マスメディアによって取り上げられ流された情報だけが，その真偽は問わずに人々に事実として捉えられ，現実となり真実となるのである。

　最近では，公的なマスメディアの流す情報のなかにも，虚偽や偽装があったというニュースが時折みられるが，公的なマスメディアの場合には，極端な情報操作は少ないと思われる。しかし，近年はインターネットなどの普及にともない，個人的な情報発信が個人間ではなく，個人と大衆との間で容易に行われるようになった。インターネットなどのメディアから流れてくる情報の真偽を，その情報を受け取る側が確かめずに鵜呑みにしていると，虚偽の情報だけが真実となり現実とされ，さまざまな社会問題を引き起こすことになる。「学校裏サイト」などの問題も，ここにその原因があると考えられる。

　このため，先に統計の問題のところで見てきたように，「昭和時代の親はきちんと子育てをしていて，児童虐待などしなかったのに，今の親は我が子を虐待するなどもってのほかだ」といった意見は，全く事実とは異なっている。しかし，昭和時代には，虐待として認識されていなかったことから，児童虐待さえなかったという思い込みをもってしまうのである。また，多くの情報が流れてくる現代では，実際の件数よりも多くの家族問題が起きているような錯覚を起こしてしまうのである。

　このように考えていくと，統計に現れていなくても，マスメディアで取り上げられていなくても，家族はいつの時代にもさまざまな問題や課題を常に抱えているということを，私たちは理解しておかなければならない。

> コラム1

臨床的マスキング現象

　相談業務を行っていると，華々しく見える主訴の後ろに，さらに深刻な問題が隠されていることがあります。たとえば，非行を繰り返す中学生の事例の裏に，親からの激しい虐待が隠されていたり，不登校が，実は発達障害を原因としていたり，いじめなどが理由で起きていたりすることなどは，よく知られています。

　しかし，援助者側が非行や不登校といった目立つ問題行動や現象に目を奪われていると，それらに隠されている深刻な問題や真の原因を見落としてしまうことになります。そのため，目に見える問題行動や症状のみに対応していると，援助が空回りしたり，時には不適切なかかわりとなってしまうこともあります。

　親からの虐待を見落として非行にだけ対処していても，問題解決には至りません。不登校でも，発達障害（特にアスペルガー症候群）を背景にもつ場合は，一般的な受容・共感的な援助はまったく役に立たないばかりか，そうした対応が逆に害を及ぼすことにもなります。

　このように，ケース全体を見立てずに，目の前のクライエントや，そのクライエントが示す問題行動ばかり援助者が目を奪われてしまうことを，臨床的マスキング現象と，筆者はよんでいます。

　こうした臨床的マスキング現象に惑わされずに，適切な援助を行うために，家族療法ではクライエントをIP（identified patient：患者とみなされている人）とよび，家族全体やIPの所属する集団全体をケースとして把握するように努めます。つまり，ケースとは問題を起こした個人のみを指すのではなく，その個人を含めた生活環境全体であるという視点です。このような視点で関わると，常に人と人，人と物などの関係性を意識することになり，狭義の心理主義に陥らなくてすみます。このような対応によって，臨床的マスキング現象による弊害を少なくすることが可能となります。

2章 現代家族の特徴と特殊性

＊＊＊＊

1　家族とは

　私たちにとって，家族とはどのようなものであろうか？
　社会にはさまざまな集団がある。職場の仲間，学級の仲間，サークル，趣味の会，町内会など，私たちはいろいろな集団に属している。それらの集団と家族という集団が明らかに異なっていることは，誰もが何となくは理解している。しかし，面と向かって「家族とは？」と問われた時，その違いを明確に言い表すことは難しいのではないだろうか。
　私は「家族心理学」の授業を受講している学生に，毎年必ずこの質問をしているのであるが，学生も答えるのが難しいようである。質問のなかには，「ペットは家族だと思うか？」という問いや，「同居していない祖父母は，あなたにとって家族だと思うか？」，「同居していない祖父母を，あなたの親は家族だと思っているだろうか？」といったもの，さらに「親のきょうだい（おじ，おば）が同居している場合，その人はあなたにとって家族だろうか？」などがある。
　年々，「ペットは家族だ」と答える学生が増えてきており，反対に「同居していない祖父母も家族だ」は減少している。しかし，「同居していない祖父母も，親にとっては家族だ」と思う学生は多くいる。おもしろい意見に，「自分は大学に入ってアパートで一人暮らしをはじめ，学費や生活費も奨学金とアルバイトで賄い，親に全く経済的負担をかけていないので，一人家族です」というものもあった。
　このように，人はそれぞれ「家族」に異なるイメージをもっているので

あるが，援助をする場合にそのことを忘れてしまい，「家族なのだから，分かり合えるはずだ」といった誤った対応がなされてしまうことがある。

　ここでは，このように一人ひとり異なるイメージをもつ家族について，家族心理学ではその特徴をどのように考えているかを見ていくことにする。

2　家族の形態

　多くの人は，その生涯に2つの家族を経験する。一つは，定位家族とよばれる，人が生を受けた家族である。もう一つは，その人が配偶者を得て新しく作り上げていく家族であり，これを生殖家族という。

　この定位家族や生殖家族にも，さまざまな形態がある。戸籍は，夫婦とその未婚の子を単位として編製されているが，それがイコール「家族」の定義ということはできない。現代社会は「家族」の形態も認識も多様化しているからだ。ここではこの夫婦とその子どもを家族の基本となる最小単位と考え，この家族形態を核家族とよぶ。テレビアニメの『クレヨンしんちゃん』の家族が核家族である。

　しかし，現実には『ちびまる子ちゃん』の家族のように，祖父母と両親に子どもといった形の家族も多く存在している。このような，『ちびまる子ちゃん』型の直系の核家族が一緒に暮らしている家族を拡大家族という。

　また，子どものいない夫婦だけの家族や，母子・父子家庭などのひとり親家庭も核家族と考えられている。ひとり親が再婚し義父母らとその連れ子で形成されている核家族も存在するし，拡大家族でも，祖父母のどちらかを欠いている場合もある。

　また，いくつかの核家族が直系や傍系（きょうだいなどの横のつながり）を含め，ともに暮らしている家族を複合家族という。たとえば，アニメの『サザエさん』は，今のところ磯野家とフグ田家の2つの直系家族が一緒に住んでいる拡大家族である。将来，カツオが結婚してカツオ夫婦やその子どもも一緒に生活するようになると，これは複合家族ということになる。

　こうした家族形態を視覚的に見やすく表したものが，ジェノグラムとよばれる家族家系図である。図2-1は，クレヨンしんちゃんの家族のジェノ

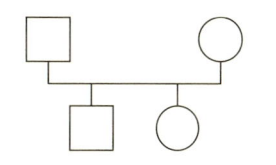

図2-1 「クレヨンしんちゃん」の家族

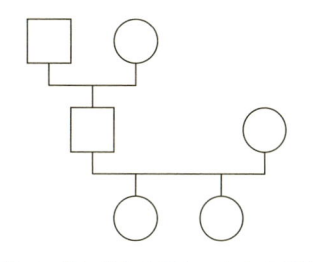

※○が女性，□が男性

図2-2 「ちびまる子ちゃん」の家族

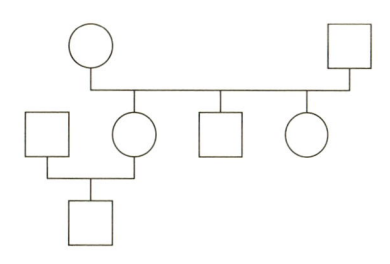

図2-3 「サザエさん」の家族

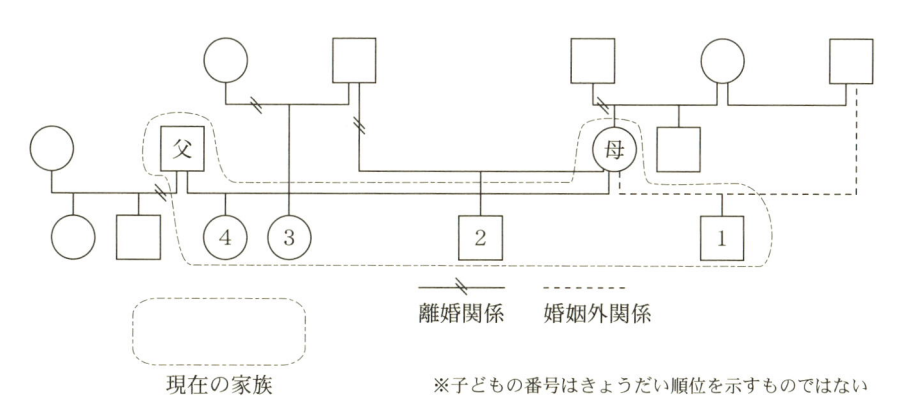

図2-4 児童虐待の家族

離婚関係　　婚姻外関係

現在の家族　　※子どもの番号はきょうだい順位を示すものではない

グラムであり，図2-2がちびまる子ちゃんの家族のものである。もう一つ，図2-3としてサザエさん一家のジェノグラムを示しておく。

　ジェノグラムを描くと，家族の関係性が視覚的に明確になり，援助や介入の対策が立てやすくなる。ところが，実際の児童福祉臨床の現場では，ジェノグラムそのものが複雑になることも多い。

図2-4は，児童相談所でかかわった事例のジェノグラムである。このジェノグラムから，相談時に生活をともにしていた家族成員（点線で囲まれた部分）だけを見ると，子どもが4人と最近では珍しく子沢山の核家族として捉えられるが，現在の両親の実子は④の女児のみで，他の3名にとって現在の父親は義父ということになる。②の男児は，母の前夫との間にできた子どもであるが，③の女児は前夫の連れ子であり，現在の両親の籍に入ってはいるものの，両親との血縁関係は無い。さらに①の男児も現在の親の籍には入っているが，実際は実母と母方祖母の再婚相手との間にできた子どもである。このような複雑な家族関係のなかで，義父から①，②，③の子どもたちが身体的な虐待を受けていた事例である。

　このように，現代家族は核家族を中心にしながら，さまざまな形態を示し，家族成員間の複雑な関係性を内包していることを知っておくことが必要である。加えて，家族への臨床的な援助を行う場合に，統計的な数値によって得られた標準的な家族だけを考えていたのでは太刀打ちできず，個別の具体的な事例の蓄積が必要であることも，図2-4の家族は示している。たぶん多くの方が，このような家族は「小説のなかかテレビドラマのなかのきわめて稀な家族形態ではないか」と思われるかもしれない。しかし，児童相談所などの臨床援助の現場で関わる家族は，このような複雑な家族が多いことを知っておくことも必要である。

3　家族の機能

　家族イメージ（家族観）は人それぞれであることを先に述べてきたが，それでも家族が他の集団とは明らかに異なる集団であるという認識は，皆がもっている。この他の集団と異なる家族の特徴として，家族には他の集団には無い独自の機能があるとされる。

　家族社会学者であるマードック（Murdock, G. P.）は，「性的，経済的，生殖的，教育的」という4機能が家族を家族たらしめていると捉えている。性的とは性欲の充足機能であり，経済的とは生産と消費の最小単位としての機能を指す。生殖的とは子を産み社会成員を補充する機能であり，

教育的とは生まれてきた子どもの社会化の機能である。

社会学者であるパーソンズ（Parsons, T.）は，「家族は，パーソナリティを作り出す工場である」と述べ，①子どもの社会化の機能，②成人のパーソナリティの安定機能の2つを，家族の本来的機能としている。

また，家族心理学者の詫摩と依田（1972）は，家族機能について，①緊張解消による休息の場としての機能，②開放的・情緒的かかわりの場としての機能，③子どもの社会化促進の場としての機能，④性的欲求充足の場としての機能の4機能をあげている。

しかし，現代においては，家族だけがこれらの機能をもつものであるかは，疑問視されてきている。たとえば，近代以前の家族では，日常生活で消費する生活資源の生産や獲得は家族の機能であったが，近代産業化社会の成立に伴い生産機能と消費機能は分化し，生産機能は家族機能から分離されてきた。この仕事と家庭の分離が，消費生活を肥大化させ，そこに労働力として，また消費生活者としての女性の社会進出が促進されることになった。その結果として，それまでは家族内で特に女性の役割として行わ

表2-1 男性が家事，子育て，介護，地域活動へ参加するために必要なこと（平成19年）

(％)

区分	該当者数（人）	夫婦や家族間でのコミュニケーションをよくはかること	男性自身の抵抗感をなくすこと	社会の中で、男性の活動についても、評価を高めること	仕事以外の時間をより多くもてるようにすること	啓発や情報提供を行うこと	まわりの人が、役割分担等について当事者の考え方を尊重すること	男性が相談しやすい窓口を設けること	女性の抵抗感をなくすこと	ネットワークづくりをすすめること	研修等により、男性の技能を高めること	その他	特に必要なことはない
総数	2,118	60.0	49.0	43.0	40.0	32.1	29.3	23.3	20.4	20.4	18.9	1.2	4.6
男性	1,412	58.9	43.3	37.0	41.8	29.3	23.9	20.2	17.4	19.3	16.9	1.1	5.0
女性	1,706	60.9	53.8	48.0	38.5	34.4	33.8	25.8	22.9	21.3	20.5	1.2	4.2

※内閣府大臣官房政府広報室「男女共同参画社会に関する世論調査」2007

れてきた家事・育児・教育・弱者保護などの機能を男性にも分担すること が必要とされるようになった（表2-1）。さらに，それらの家族機能は産業 化されていくことになる。育児や教育は保育園や学校が行い，弱者保護は 病院や福祉施設が担当することになる。家事もハウスクリーナーや給食サー ビス，外食産業が担うことになってきている。つまり，家族機能の外部化 が急速に進むことになったのである。

　アリエス（Aries, P., 1960）がすでに指摘していたように，家族機能 には「愛情と思いやりなどの精神的関係」だけが残されていく状況にある のかもしれない。この意味で森岡（1993）は，家族を「成員相互の深い感 情的係わりあいで結ばれた，第一次的な福祉志向の集団」と定義している。

コラム 2

現代家族と未来の家族

　家族は，その機能も形態や構造も時代とともに変化しています。拡大家族から，より基本的な構造の核家族が増えてきています。一方で，家族の機能は外部化が進み，徐々に縮小化の傾向にあります。

　このような状況で，「家族とは何か？」と問われた時，誰もが共通にもつ家族イメージと，個々人にとっての家族イメージにも差が生じるようになってきています。このため，お互いに家族について話していても，それぞれが抱く家族イメージが異なるため，そこに溝が生じてしまうことになります。これが，友だちなど別の家族に属している者同士の話であれば，まだ問題は少ないのでしょうが，同じ家族内で家族イメージが異なる場合はさまざまな弊害が生じることになります。たとえば，祖父母が「息子の嫁も孫も家族だ」と捉えていても，嫁や孫は「祖父母は家族には含めない」と考えていたり，父親が「妻も子どもたちも自分の家族だ」と思っていても，子どもの方は「父親は家族ではない」と考えているとすれば，話がまったくかみ合わなくなってしまいます。

　読者のなかにも，「同居していない祖父母を家族とは考えない」ということには違和感をもたない方がいるでしょうが，「父親を家族とは思わない」に同意する方は少ないかもしれません。しかし，離婚に伴う母子家庭の増加などの社会変化や，精子バンクや試験管ベビーなどの生殖補助医療技術の進歩に伴い，「今後は，核家族もさらに核分裂していくだろう」という考え方が，家族社会学ではすでに示されてきています。つまり，今後は核家族も解体してしまい，未来の家族は「母親と子どもだけ」という形態が一般的になるのではないかと，家族社会学では考えられているようです。

　このように，家族は時代とともにつねに変化していることを，家族の問題を考えたり，家族の支援を行う人は意識していることが大切になります。

3章 家族の誕生から消滅まで

* * * *

1 家族誕生前史

　家族が,「一組の夫婦が婚姻関係を結んだ時に始まる」とすれば,それ以前に男女が出会い,結婚に向けて準備する期間がある。俗に言う「恋人関係」や「婚約関係」の時期である。この男女の出会いから結婚までの過程を,ウォーラー（Waller, W.）はデーティングとコートシップとに分けて検討している。また,結婚に向けて男女が歩み始める以前にも,人は異性との関係をその成長過程のなかで発達させてくる。

a　デーティングとコートシップ

　デーティングは,①交際すること自体が目的であり,②複数の交際相手をもつことがあり,③関係の解消が容易であるといった,私的交際の段階といえる。この段階には,①異性との関わり方,②性別役割,③配偶者選択などを学習していく機能がある。加えて,同年代の仲間からはデートができて一人前とみなされる「社会的地位付与」の機能もあり,青年期の自立と社会化の一段階でもある。

　デーティングを通して適切な男女関係が育まれるために,デートの本場アメリカではデーティング・カルチャー（デート文化）が存在していた。

　コートシップは,特定の異性をお互いが結婚相手と認める私的了解から始まるが,その特徴として①結婚を目的とした交際であり,②特定の異性との関係に限られ,③関係性を解消することが困難といった特徴をもつ,きわめて社会的交際の段階となる。もちろん,デーティングとコートシッ

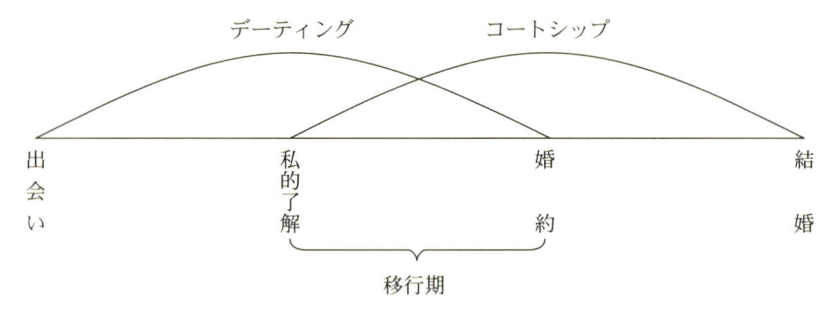

```
        デーティング      コートシップ

出          私            婚           結
会          的            約           婚
い          了
            解
                    移行期
```

図3-1 デーティングとコートシップの関係（望月，2006）

プは重なる期間もあるため，望月（2006）はその関係を図3-1のように示して，その重なり合う期間を移行期としている。

b 異性関係の発達

ハーロック（Hurlock, E.）は，異性意識とその関係の発達を，①性的嫌悪，②同性愛的，③幼い恋，④仔犬の恋（パピー・ラブ），⑤恋愛，という5段階で示している。学童期には同性同士のつながりが中心で，異性に対して嫌悪感情をもつことがある。思春期になると異性に関心が向くようになるが，それは身近な異性よりもアイドルやスターに憧れるなど，幼い恋心の芽生えとも考えられる。その後，異性との個人的な付き合いが始まり，デーティングの段階に入るが，それは仔犬がじゃれあうようなもので，安定した異性関係を形成して結婚まで結びつくためには，恋愛の段階までの発達が必要とされるのである。

日本では長く，仲人を介した見合結婚の文化があったが，近年では当人同士の合意に基づく恋愛結婚が大多数を占めるようになってきている。しかし，アメリカのデーティング・カルチャーのような，恋愛結婚に至るまでの各段階での学習がなされないまま結婚生活に入ってしまう若者も多く，ここに若年離婚などの新たな課題が生じることになる。特に近年，「できちゃった結婚」とよばれる結婚が増えてきている。結婚の準備が十分になされていないパピー・ラブの段階で，「子どもができたから結婚しよう」という安易な結婚も増えてきており，そこに離婚や児童虐待の問題の背景

もあると考えられる。

　私は学生に、「お付き合いしている方がいる人で、今年の正月に相手の親御さんに年賀状を送ったか？」とか、「相手の親御さんに、お歳暮やお中元を贈っているか？」などの質問をする。この質問には、今のところほぼ全員が「したことはない」と答えている。「それでは、もし結婚をしたら、相手のご両親に年賀状を出したり、お歳暮などを贈ったりするか」との問いかけには、ほぼ全員が「出す」「贈る」と答えている。

　つまり、結婚とは自由恋愛の時代になっても、まだまだ相手の親族との付き合いや関係を含めた、新たな人間関係の形成という側面をもつのである。これは、結婚が「二人が愛し合っている」といった二者の問題には留まらない意味をもっていることを示している。さらに、この二者の関係から新たな人間関係の形成という側面を忘れると、子どもの誕生という人間関係の変化にも対応できなくなってしまうと考えられるのである。

c　価値観のすり合わせ

　結婚とは、異なる定位家族の中で育ってきた男女が、新たな生殖家族を形成することであるので、当然、それぞれの価値観や生活様式には違いがある。新たな家族を形成するためには、この異なる価値観や生活様式のすり合わせも必要となる。

　仲人や両親が薦める相手と結婚したお見合結婚では、こうした価値観や生活様式のすり合わせなどのお膳立てが、当人同士が見合いをする前に、すでに仲人などの他者によってなされていたことが多かった。たとえば、生活水準の同じ者同士をお見合いさせたりしていた。また、家制度や女性差別から、他家へ嫁に入った女性が、夫や夫の家庭の価値観や生活様式に黙って従わざるを得ないというようなこともあった。

　一方、恋愛結婚が大部分を占めるようになると、この価値観や生活様式のすり合わせを、当人同士がそれぞれの責任で行わなくてはならないことになる。したがって、結婚に至るまでに当人同士の十分な話し合いが必要になる。

2 家族の誕生と発達

　現代では，役所に婚姻届を提出しない内縁関係なども，家族として認められるようになっている。しかし，一般的にはこれまで述べてきたような結婚に至る過程を経て，婚姻届を役所に提出した時に，新たな家族が誕生したことになる。

　その後，家族はどのような発達を遂げていくのか。もちろん，子どものいない家族もあるが，ここでは子どもの発達を軸に，家族の発達を考えていくことにする。

a　子どもの発達と親の成長

　子どもの発達については，さまざまな研究者がそれぞれいくつかの発達段階を示している。また，それぞれの発達段階には，その時期に達成しておかなければならない発達課題があるとされている。エリクソン（Erikson, E. H.）の人格発達論による子どもの発達段階と発達課題としては，①乳児期（0～1歳）：信頼感の形成，②早期幼児期（1～2歳）：自律性の獲得，③幼児期（2～6歳）：積極性の涵養，④学童期（6～12歳）：生産性の育成，⑤青年期（12～20歳）：自我同一性の確立，⑥早期青年期（20歳

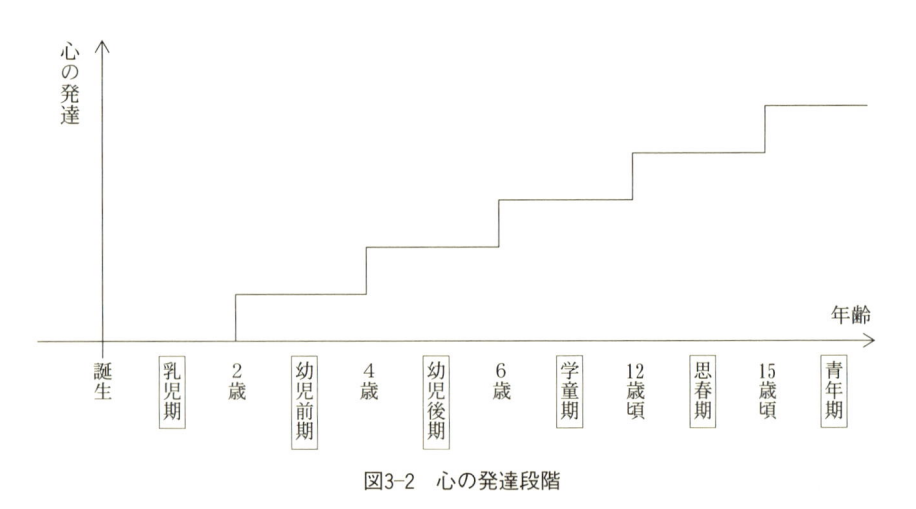

図3-2　心の発達段階

代）：親密さの学習，などがあげられている。

　ここでは，いくつかの発達段階理論と発達課題を，家族臨床的に①乳児期（0～2歳），②幼児前期（2～4歳），③幼児後期（4～6歳），④学童期（6～12歳ごろ），⑤思春期（12～17歳ごろ），⑥青年期（17～25歳ごろ）の6段階に整理し（図3-2），それぞれの段階について，その特徴と対応について考察していく。

①乳児期

　乳児期（0～2歳）の子どもには，十分な基本的信頼感と万能感を身につけさせることが発達課題となる。基本的信頼感とは，「私は（僕は）ここに生まれてよかった」，あるいは「ここにいて良いのだ」という感覚であり，周囲に対する絶対的な安心感である。もちろん，この時期の子どもが頭でそれを理解していくわけではないので，身体を通した感覚として味わい身につけていくことになる。

　この感覚を子どもに身につけさせるためには，周囲の大人の適切な関わりが必要となる。その関わりとは，子どもが不快な状態に置かれた時に，それを心地よい状態に変えていく関わりである。この時期の子どもが不快感を生じるのは，空腹，眠気，排泄，暑さ，寒さ，そして，周りからかまってほしいといった，限られた欲求によるものが中心である。このような状況に置かれると健康な子どもは「泣く」という方法で，周囲に不快感を表明していく。このサインに周囲の大人が気づいて適切に心地よい状況を作り出していくことを繰り返していくことによって，子どもは「基本的信頼感」を獲得していくのである。

　また，この時期には自我の確立がなされていないため，ユング心理学でいうところの「自他未分化」の状況にあり，他者に対する信頼感の獲得は，とりもなおさず自分に対する信頼感につながり，ここに「自信」の基礎が生まれることにもなる。

　しかし，児童虐待などの不安定な環境におかれた子どもたちは，この適切な関わりがなされないため，この発達課題を達成することができずに

「基本的信頼感」も「自信」も獲得されないままに，身体のみが成長していくことになる。このため，この時期に信頼感や自信を身につけられなかった子どもたちが，その後の学童期や思春期などに対人関係などでストレスを受けた時に，心理的な不安定さや不適応行動を示していくとも考えられる。

　この時期の子どもは，一日に何度もこのサインを出すため，その対応を母親だけに任せてしまうと，母親一人ではすべてのサインに応じきれないという状況が生じる。つまり，極端な児童虐待だけではなく，母親の育児負担感によっても発達課題の達成が不十分になる可能性があり，夫をはじめ祖父母などさまざまな人の援助が本来は必要なのである。

　次に，「万能感」とは「自分は何でもできる」，クレヨンしんちゃん的に言えば「オラが一番」，という感覚である。世の中のすべての欲求が必ず叶えられるという魔術的な感覚でもある。魔術が，己の欲求を不思議な力で叶えることであるならば，この時期に周囲の大人が適切な関わりをしていれば，先に述べたようにこの時期の限られた欲求すべてが，「泣く」という呪文一つで叶えられることを体感していくことになる。ここに，「万能感」が形成されることになるのである。これらの「基本的信頼感」と「万能感」を身につけた子どもだけが，次の段階に進んでいくのである。

②幼児前期

　幼児前期（2～4歳）の子どもは，乳児期に身につけた万能感と身体的な発達によって，より多くの複雑な欲求や要求を周囲の人に示すようになる。こうした子どもの要求を，「大人が押さえつけたり抑圧したりせずに受け入れ，それらをできる限り叶えていくことで，子どもは自由にのびのびと育っていく」と，信じられていたことがあった。

　しかし，それが大きな間違いであり，この時期には社会的に受け入れられる要求や欲求は受け入れ叶えさせるが，「ダメなものはダメ」という周囲の大人の毅然たる態度が必要であることが再認識されてきている。この毅然たる態度とは，子どもの要求や欲求をすべて否定するとか，暴力や暴

言によって潰してしまうということではない。周囲の大人がきちんとそれらに向かい合い，根気強く「しつけ」をしていく過程である。

　子どものさまざまな要求や欲求に大人が向き合うことで，そこにぶつかり合いと葛藤が生じる。この葛藤を通して，子どもは生まれて初めて社会が自分の思い通りに行かないことを知るのである。このぶつかり合いを，第一反抗期とよぶ。反抗とは，ぶつかり合うものがあるから反抗なのであって，要求や欲求を出しているだけなら，単なるわがままである。つまり，第一反抗期と昔の人がよんだのは，そこにぶつかり合う相手があり，そこにこそ，大人のしつけがあることを示していたのだといえよう。

　精神分析では，このぶつかり合いや葛藤を通して，子どもの自我が育つと考えられている。つまり，自分の要求や欲求と社会の制約との間で折り合いをつけながら子どもの自我は育ち，この折り合いのつけ方によってその子なりの性格が形成されるのである。

　加えて，第一反抗期とよぶのは，第二反抗期に対してである。後ほど思春期の段階でみられる第二反抗期については詳しく述べるが，第一反抗期で子どもと向き合うことを避けてしまった親は，第二反抗期でも決して向き合うことができないのである。何でも子どもの要求や欲求を受け入れて子どものご機嫌取りをしてしまう親が増えてきているが，この現状を，アニメの『ちびまる子ちゃん』に出てくる友蔵じいさんをもじって，私は「友蔵現象」とよんでいるが，家族全員が友蔵状態になると，子どもの自我は育たず，社会との折り合いがつけられない子どもとして育ってしまうことになる。

③幼児後期

　幼児後期（4〜6歳）になると，その身体や認知能力の発達に伴い，子どもが達成しなければならない発達課題も急激に増えることになる。ここでは，その中から「行動規範の習得（善悪判断）」と「役割行動の学習」の2点について検討する。

　「子どもは褒めて育てよ」というのは，保育や教育，しつけにおいて，

よく耳にする標語である。たしかに,褒められて嫌な気分になる人はいないし,褒めることで子どもが育つことは否定できない。行動療法の基礎である学習理論では,望ましい行動に強化子を与えることで,その行動の出現頻度が増し,さらにそれを繰り返すことでその行動が習慣化していくと捉えている。子どもが行った良い行動を褒めることは,褒めることが強化子となって,良い行動が学習されていくと考えられるのである。

ところでこの強化子は,あまり与えすぎると効力が落ちてしまうことが,学習理論の研究で指摘されている。このため,褒めることを強化子とするためには,ただ褒め続けるのではなく,時には適切に「叱る」ことと組み合わせることによって,その強化子としての効果が維持できると思われる。また,叱り方を工夫することで,行動にけじめをつけていくことも可能となる。

先に述べたように,「子どもは褒めて育てよ」と言われるが,実際のところ具体的にはどのように褒めれば良いのかは,ほとんど教えてくれない。同じように,じょうずな叱り方を学習する機会もないまま,お題目のように「子どもは褒めて……」が繰り返されると,親は戸惑うことになる。褒め方も叱り方も養育スキル,つまり技術であると捉えて,具体的に褒め方や叱り方を教授する必要が,現代では求められているのではないだろうか。このため,叱り方を知らない親が,しつけと称して子どもを虐待してしまったり,叱り方を知らない教師が,教育的指導と称して体罰をふるってしまったりすることになる。

では,具体的にはどのような関わりが必要なのであろうか。私も仕事柄,幼児の発達健診に立ち会うことがある。地域の公民館や役場で行われる健診では,普段会議室などとして使用されている部屋を,待合や判定室として利用する。このため,子どもの安全に配慮した造りにはなっていない。そんな状況で,待合室で遊んでいる子どもとその母親とのやり取りを観察していると,おもしろいことに気づく。

ある母親は,子どもが遊びに夢中になってしまい3階の窓から身を乗り出すなど,一歩間違えば命の危険がある状況に気がつき,子どものところ

に走って行き，子どもの首根っこを摑まえては「危ないじゃないか！」とか，「なんでおとなしく遊んでいられないんだ！」と，大声で叱責しながら子どものお尻を叩いていた。このお母さんは，その子が待合室のなかを走り回って，おもちゃ箱をひっくり返した時にも，同じように大声で叱り，やはり尻を叩いていた。

　別のお母さんは，子どもが窓から乗り出した時には「あら，○○ちゃん危ないでしょう」と優しくたしなめ，おもちゃ箱をひっくり返した時にも同じように優しくたしなめていた。私は，前者のような母親を「なまはげ型」，後者のような母親を「マダム型」とよんで区別している。このような対応をする母親が増えてきているのであるが，叱り方という点ではどちらも問題がある。

　命に関わる状況での叱り方と，失敗した時の叱り方が同じであれば，子どもの心に「命も軽い失敗も同じ」という感覚が生じてしまう。やはり，命に関わる状況では体罰を加える必要はないが，毅然とした態度で親は叱るべきであるし，失敗した時には，その責任を取らせるような叱り方をするべきである。親が状況に応じて叱り方を変えることで，子どもの心のなかに行動の基準，つまり行動規範が生まれてくるのである。

　たとえば，子ども同士がけんかを始めたとしたら，それは人間関係を形成していくために必要なことであるので，親は見守っていれば良い。しかし，どちらかが棒や鋏などの武器を持ったとしたら，親はそれを取り上げ，武器を手にした方に毅然とした態度で「危ない！　何をしているんだ！」と強めに叱ることが大切であろう。この時期の子どもは，すでに十分な言語能力を有しているため，このような親の対応に「だって，○○が先に手を出したんだもん」などと言い訳を始めることがある。すると「子どもの声に耳を傾けましょう」などという無責任な評論家が出てきたりするが，この場合は子どもの声に耳を傾ける必要はない。親は「けんかのことを叱っているのではない。お前が刃物を持ったことを叱っているのだ」と，毅然として子どもと向き合うことが大切なのである。これに対して，おもちゃ箱をひっくり返すなどの失敗を子どもがしてしまった時には，「片付けな

さい」とか「一緒に片付けようね」など，本人に責任をとらせる叱り方をすることで，自分や他人の命や怪我につながる行為と，その他の行為との間にけじめがついていくと考えられる。

ところで，子どもは命にかかわる行動や，不注意な行動だけをとるわけではなく，親は日常的に注意を与えなければならない場面の方が多い。その場合の叱り方として，2回程度はことばで注意し，それでもきかない時には子どもの目を見て静かに諭すやり方がある。

たとえば，「お客さんが来ているのだから，静かにしていなさい」と，言葉で注意し，それでもうるさくしている時は，「さっきも言ったけど，静かにしていなさい！」と少し強めに注意する。それでも静かにできない時には，子どもを椅子などに座らせ，動けないようにしっかりと両肩を押さえ，子どもの眉間を見据えながら，ゆっくり3回ほど深呼吸をした後に，「なぜお母さんの言うことがきけないの。そういう子をお母さんは許しません」と淡々と叱るのである。さらにまた，3回程度深呼吸してから「分かりましたね」と言って子どもを押さえていた手を離す。

このとき大切なことは，ポーカーフェイスで注意することである。親がわざとらしく怒った顔を作ったり，泣き顔になったりすれば，単なるにらめっこになってしまい，叱りの効果がなくなってしまうからである。

もちろん，叱った後で，子どもが謝ってきたり，反省したり，責任を果たした場合には，十分に褒めて許すことが大切であることはいうまでもない。一昔前の親は，叱り方にバリエーションがあった。蔵や押入れに閉じ込める，お尻を叩く，言葉で厳しく叱る，お父さんに伝えて叱ってもらうなど，子どもがやってしまった行為に応じて，叱り方を工夫していたものである。

次に，「役割行動の学習」とは，その場に応じた行動がとれるようになるための学習である。私たちが社会で適応していくということは，その場その場の状況に応じて，適切な役割行動がとれるということである。「私は，一人の人間として，誰とでも分け隔てなく同じように接している」という人がいるが，実際の生活では相手によって，言葉使いも，態度も，振

舞い方も変えているはずである．たとえば，朝の挨拶一つをとってみても，親，子ども，きょうだい，上司，同僚，部下などの相手に合わせて，「おはよう」から「おはようございます」までさまざまに使い分けをしている．この相手のことを，役割パートナーとよぶ．つまり，私たちは役割パートナーが，今ここで自分にどのような役割を求めているか（役割期待）を正しく認識し，期待されている役割を自分のもつ役割メニューのなかから選び（役割選択），それをうまく遂行する（役割スキル）ことによって，適応的な行動を行うことができるのである．この時期に子どもたちは「ごっこ遊び」などを通してこの役割行動を学んでいくのである．

拡大家族が中心で，きょうだいもたくさんいた時代には，日々の生活のなかでこの役割行動が自然に身についていった．たとえば，祖父母には孫として，親には子どもや長男として，姉には弟として，弟に対しては兄としてふるまうことを普通に学習できた．

しかし，最近は核家族が中心となり，きょうだい数も減り，少子化によって近所にも同世代の子どもが少なくなると，この役割学習を生活のなかで身につけていく機会が激減してしまう．先に述べた，家族内の大人が「友蔵現象」を起こしていると，子どもたちはさらに，誰に対しても「王子様，お姫様」の役割しかとれなくなってしまうことになり，保育園，小学校といった社会集団に参加した時に不適応が生じてしまうことになる．

したがって，保育園や幼稚園において，「ごっこ遊び」を積極的に取り入れたり，当番などを行わせたりすることも，役割学習につながる．家庭でも，お手伝いをさせていくことが求められる．このお手伝いは，本人の気分でやったりやらなかったりするものではなく，子どもが家族の一員として，嫌でも辛くても毎日やらなければならない仕事であり，家族の役に立つものでなければならない．

若い親に「お宅のお子さんはお手伝いをしますか？」と聞くと，最近は「はい，気が向いた時には夕食後の食器をさげたりしてくれます．それに気分の良い時には，掃除を手伝ってくれたりもしますよ」などと言う方が増えてきている．子どもが，気が向いた時や気分の良い時に行う行為は気

3章　家族の誕生から消滅まで

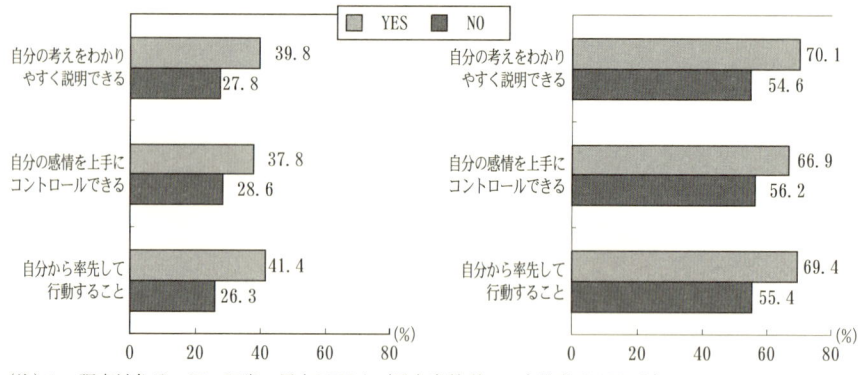

子ども時代に親と将来のことを　　　　子ども時代に家事手伝いを
たくさん話した経験のある人の割合　　　たくさん経験した人の割合

■ YES　■ NO

自分の考えをわかり
やすく説明できる　　39.8 / 27.8　　　　70.1 / 54.6

自分の感情を上手に
コントロールできる　37.8 / 28.6　　　　66.9 / 56.2

自分から率先して
行動すること　　　41.4 / 26.3　　　　69.4 / 55.4

(注) 1　調査対象は，35〜35歳の男女2,500人（男女半数ずつ，有職者は1,921人）。
　　　　平成18年1月インターネット調査。約120万人のモニター母集団から抽出し依頼。
　　2　各仕事の能力についての自己評価で「よくできている」「まあまあできている」は「YES」，「あまりできていない」「全くできていない」は「NO」とし，それぞれ「子ども時代に親と将来のことをたくさん話した経験のある人」の割合と「子ども時代に家事手伝いをたくさん経験した人」の割合を示したもの。

※Bebesse 教育研究開発センター「若者の仕事生活実態調査」2006

図3-3　親とのコミュニケーション頻度の成人後への影響（平成18年）

分的なものである。お手伝いとは，先に述べたように，本人の気持ち如何に関わらず，家族のために行う行為である。一昔前であれば，豆腐屋の子が眠たくても朝早く起きて井戸から水を汲んでくるとか，農家の子どもが家畜の世話をする，サラリーマンの父親の靴を磨く，玄関を掃除するなど，子どもたちの仕事が，家庭のなかにあった。

それぞれの仕事は，子どもにとっては面倒臭くてできたらやりたくない時もあっただろうが，それをしなければ家業が成り立たなかったり，家族の誰かが困ったりするというものであった。そこに，家族の役に立っているという意識が生まれ，家族の一員としての意識も芽生えてくる。また，子ども時代の手伝いには，他にもさまざまな効用が認められる（図3-3）。

このように考えると，この役割学習にはもう一つ，「居場所の確保」といった意義があることに気づく。不登校や非行などを示す子どもたちの相談を受けていると，彼らが「家にも学校にも居場所がないから」と訴えて

くることが多い。居場所とはその語感から物理的な空間を想起してしまいがちである。このため，そのような話を聞いた大人が，彼らにいつでも来られるフリースペースを用意したり，子ども部屋を与えたりすることがあるが，本来の居場所とは物理的空間のことではない。居場所とは，「その人が所属している集団のなかでの，その人の役割」のことなのである。

学級集団には参加できない不登校の子どもが，フリースペースなどの小集団には参加できたりすることがある。フリースペースは，「学校とは違い，子どもの自主性を尊重しているから来やすいのだ」という考え方もある。しかし，役割の観点から考えると，人数の多いクラスのなかでは役割を与えられなかった子どもでも，少人数のフリースペースのなかでは，それぞれに何らかの役割が与えられることが参加しやすさになっていることも，知っておく必要があろう。

学校になじめない不良の子どもが，「暴走族なら，俺を認めてちゃんと仕事を与えてくれるから」と話していたことがあった。彼は，仲間と走る時に「尻持ち」という最後尾を走る役割を与えられていると言っていたのも，同じ理由であろう。

大人の社会でも，会社が穏便に退職を迫る場合は，社内に机や椅子を用意しておくが，肩書きや仕事自体を取り上げ，社内での役割を与えない，いわゆる「窓際族」にして，本人の方から「居場所が無いので辞めます」と言わせる状況を作り出すことも同じである。また，高齢者の自殺も，一人で生活している人よりも家族と生活している人の方が自殺率は高い。これも，家族から虐げられてというより，周りの家族が高齢者への配慮からゆっくりしてもらおうと，高齢者に何もさせないことが，反対に高齢者から役割を取り上げてしまうことになり，その結果として居場所を奪うことにつながると考えられることとも共通している。

つまり，この発達段階で子どもに家庭内でのお手伝いを行わせるなどの工夫をすることが，役割行動の学習になり，家族内での居場所の確保にもつながるのである。この居場所の確保を家庭のなかで行えた子どもは，その後の発達段階で，ストレスを感じ辛くなっても，家庭に帰ると自分を必

要としている家族がいることで，そのストレスを乗り越えていくこともできるのである。

④学童期

　学童期（6～12歳ごろ）では，それまでの発達段階で身につけてきた，基本的信頼感や安定感，役割や価値判断の学習のおさらいをしながら，さらに基礎学力の獲得が新たな課題としてあげられる。小学校入学から義務教育が始まり，日常生活に必要な，いわゆる「読み，書き，そろばん」を身につけさせていくことになる。家族機能の外部化のところで述べたように，実際の基礎学力の学習は小学校が担うことになる。したがって，この段階に家庭で行わなければならない発達課題は，「教科学習に対する習慣形成」ということになろう。たとえば，宿題や自学をする習慣をつけること，学習に必要な用具を準備することなどである。このために，もっとも効果的な親のかかわりは，モデリング学習とよばれる良い見本を通して子どもに学習習慣を身につけさせることであり，親が率先して学習する姿勢を見せることである。子どもの宿題に付き合うのではなく，親が自分自身のための学習をしている姿を見せることが大切になる。

　つぎに，この段階では同性の仲間集団の形成と結束が子どもたちの発達課題となる。この段階を発達心理学ではギャング・エイジとよんでいる。これは，親の言うことより友だちとの約束を重視し，親や大人の知らないところで，その地域で禁止されていることに挑戦したり，ルール違反を行ったりするため，「ギャング」という呼び方をされるのである。この小さなギャングたちは，禁じられている池に行って魚釣りをしたり，他家の柿を盗んだり，冒険と称してプチ家出をしてみたりする。

　映画の『スタンド・バイ・ミー』などもこのギャング・エイジをテーマにしたものであるし，長く続く日本のアニメなどにも，このテーマが見られる。たとえば，『サザエさん』に出てくるカツオの行動などは，まさにギャング・エイジであるし，『ちびまる子ちゃん』のまる子がとる行動のなかにも認められる。漫画『こちら葛飾区亀有公園前派出所』に出てくる

主人公の両津巡査は子どもではないが，やっていることはこのギャング・エイジの行動である。

　たしかに，このギャング・エイジの行動は危険なことが多い。「池や川に近づくな！」とか，「木や煙突に登るな！」，「危険なところに行くな！」という教えは，それが命に関わる危険性があるからである。また，柿や池の魚であっても，人の物を盗ることは泥棒である。したがって，どこまでもこのギャング・エイジ的な行動を許して良いわけではない。その行動を見つけた大人がきちんと注意することで，子どもたちは少しずつ社会のルールを身につけていくのである。

　しかし，最近は子どもたちの少々の悪さにも目くじらをたて，ギャング・エイジ的な悪さを最初からさせないようにしてしまう傾向が強まってきている。また，少子化の影響で，子ども同士の仲間集団自体が形成できなくなってきている。さらに，他人の子どものちょっとしたいたずらを注意しようものなら，それこそ相手の親に怒鳴り込まれたり，訴えられたりするケースが増えてきている。このような状況では，ギャング・エイジ的な行動はどんどん無くなり，子どもたちは社会のルールを頭では理解できても，体験として身につけずに成長してしまうことになる。

　もう一点，学童期の発達課題としては「夢の拡大」があげられる。考えてみると，私たちの人生とは，子どもの時にたくさんあった夢を一つずつ削っていく過程なのかもしれない。保育所の七夕祭りに招かれた時，短冊にたくさんの子どもたちの夢が書かれていた。「仮面ライダーになりたい」とか「ガオレンジャーになりたい」等々。それを見た大人で，「ガオレンジャーなんて，本当にいると思っているの。あれは人間が入っている着ぐるみだよ」などという人はいないだろう。小学校くらいまでは，「アイドルになりたい」とか，「プロ野球選手になりたい」などの子どもの夢に，「じゃあ，お父さんはマネージャーやってあげるよ」とか，「今度の誕生日にはバットでも買ってあげようか」などと対応して，現実的なことを教え込むより，その子どもたちの夢を膨らませていくことが大切になるのである。

3章　家族の誕生から消滅まで

学童期までにたくさんの夢をもち得た子どもは，その後の成長過程でいくつか夢が叶わないことに気づいても，他の夢があるために潰れることはない。幼稚園に通う子どもに「将来なりたいものは？」と聞いてみたら，即座に「公務員」と答えた。「他には？」と聞くと，「他にないよ。『公務員が一番幸せだから，絶対に公務員になりなさい』ってお母さんが言うから，公務員にならないとダメなんだよ」と言った時は，私もちょっと悲しくなってしまった。

⑤**思春期**
　思春期（12～15歳ごろ）の発達課題の一つは，学童期の夢の拡大に対して，「夢崩し」ということになる。人は，いつまでも夢の世界にいるわけにはいかず，現実化していく作業が必要になる。先のプロ野球選手になりたいという小学生の夢も，中学3年生が言うのとでは意味が異なる。「そろそろ進路を決めなければならないけど，将来何になるつもりだ」との親の問いかけに，息子が「巨人軍の4番バッター」と答えたとする。もちろん，野球部でバリバリ練習もし，いくつかの高校から入学依頼が来るようならば話は別だが，「ちょっと待てよ。お前，野球部だったか？」という問いに，「いや，帰宅部。でも，野球ゲームでハイスコアー出したよ」などという子どもには，「お前と同じ世代で，巨人軍の4番バッターになりたいという人は，何人くらいいると思う？　その中でおまえは何番目ぐらいだろう？」と現実化させていくことが，親の務めとなる。つまり，現実化とは，社会の中の順位，つまり相対的な位置づけのことなのである。
　私たちが中学生の頃は，中間テストなどの定期テストの結果が，全員ではなくても上位10名程が，学校の廊下に張り出されていた。これなども，この現実化の一つのやり方であったと思われるが，現在そのようなことをしたら，それこそプライバシーや人権の問題として強烈な批難にあうだろう。では，なぜ中学校や高等学校では，学校の外に向けて「陸上部の○○君，インターハイ出場おめでとう！」とか，「テニス部の○○さん，準優勝！」などの横断幕を掲げているのだろうか。ここには，学業成績は人権

に関わるが，スポーツくらいなら問題ないという能力差別が見え隠れする。本来は，「勉強はできなくても，スポーツが得意」，「スポーツはダメでも，人から好かれる」，「勉強もスポーツもダメだけど，掃除をさせたら右に出るものがいない」など，その子その子の優れたところを評価できる社会であれば，現実化させやすくなる。そして，学童期までにたくさんの夢を親とともに育んできた子どもは，一つひとつの夢が潰れたとしても，他の夢を実現化していくことができるようになると考えられる。

ところで，この思春期とはいったいどういう時期なのかを，ここで改めて考えておく必要がある。発達心理学では，思春期を「疾風怒濤の時期」などとよんでいるように，精神的に不安定になりやすい時期と捉えており，多くの人も心理的に難しい年代と考えている。このため，いつの時代にもこの年代の子どもの心は，激しく揺れ動いており不安定だと考えてしまいがちであるが，思春期とは心理的な側面だけでなく，生理的，社会的な面からも検討していかなければならない。

思春期は，身体的な成熟により，子どもの身体から生殖が可能な大人の身体へとの変化によって始まる。女子では初潮を迎え生理が始まる。男子では，女子ほど明らかな変化は見られないものの，精通や声変わりなどの身体的変化が起きてくる。この成熟には男女差や個人差が大きく，一般には男子より女子の方が早い。以前は13～14歳でピークを迎えていた初潮年齢が，年々早まっており，現在は11～12歳の小学校高学年でピークを迎えるようになってきている。この身体の成熟が早まる現象を，発達加速現象とよんでいる。

男子は，女子より2年程度遅れ，中学1年生の後半あたりから声変わりが始まる。このため，小学校6年生のクラスを見学すると，女子はすでに大人の体つきになり，大人の雰囲気を漂わせており，その周りを，まだまだ子どもっぽい男子がピョンピョンと飛び回っている風景に出くわすことがある。これが，中学2年生あたりから逆転していき，男子の方が女子よりずっと体格が大きくなっていく。つまり，中学生から思春期というわけではなく，思春期の始まりには個人差が大きく，特に女子の場合は小学校

高学年から思春期と考えておくことが必要なのである。
　思春期が身体的成熟をもって始まるとすれば，人も動物であるため，性的な欲動が生じてくるのは当然の成り行きである。生殖行動は，基本的に種の保存が目的であり，強い子孫を残すことが使命であるため，特に動物のオスは他のオスと戦うことが自然界の道理である。このため，人も性的成熟に伴い性衝動とともに攻撃性が高まることになる。これらの性衝動や攻撃性がすぐに発散できるのならば，特に問題は無い。しかし，現代社会では反対にこの年齢の子どもたちの性行動は規制されている。ここに，本人の内から沸きあがる衝動と社会の制約との間に葛藤が起こり，これが思春期特有の心理状態を生じさせていると考えることができる。
　下の歌は，日本で教育を受けた人ならば誰もが聴いたことがある，童謡「赤とんぼ」(作詞：三木露風・作曲：山田耕筰) である。

　　夕焼　小焼の　赤とんぼ　負われて見たのは　いつの日か
　　山の畑の　桑の実を　小籠に摘んだは　まぼろしか
　　十五で姐やは　嫁に行き　お里のたよりも　絶えはてた
　　夕焼　小焼の　赤とんぼ　とまっているよ　竿の先

　この歌の作詞者である三木露風は，大正10年に北海道函館のトラピスト修道院でたまたま赤とんぼを見た時，自分が明治30年代に過ごした兵庫県での情景を思い出してこの詩を作ったと語っている。つまり，その時代には15歳で娘が嫁に行くことは決してめずらしくなかったのである。
　先ほど述べたように，その時代の初潮のピークが14歳ごろであるとすれば，初潮を迎えてからわずか1年で性生活に入っていったことになる。そこには，性衝動を抑えるという葛藤は生じない。さらに，その時代には「三年子無きは去れ」と言われており，結婚して3年たっても跡取りを産めないような嫁は要らないというようなことが言われていたのである。
　これを現代に置き換えてみると，15歳とは高等学校進学の年である。「お母さん，○○高校に合格したよ！」と喜んでいる娘に，「おめでとう！

よくがんばったね。さあ，この3年間に子どもを一人は産んでね」などと言う親は，現代では皆無であろう。このように，時代とともに社会的規制が変化するため，社会の制約と性衝動との狭間で揺れることによって生じる思春期も，当然のことに時代とともに変化するのである。

三木露風は明治時代のことを詩にしたが，第二次世界大戦中の日本では，「産めよ増やせよ」をスローガンに，国が国策として出産を奨励していた。当時は15，16歳で結婚，出産をする女性も少なくなかった。また，昭和30年代までは，「金の卵」などとよばれ，中学卒業後すぐに就職し，大人の世界に足を踏み入れる若者が多くいたのである。このように見てくると，思春期といっても，時代により社会参加，社会人としての自覚には大きな違いがあり，従って，その時代の課題も異なるといえる。

現代においては性欲や攻撃性などの衝動への対処が発達課題となる。また，この時期は，劣等感の克服も課題となる。思春期は異性への目覚めの時といわれるが，それは異性にだけ関心が向くのではなく，ライバルである同性にも強い関心が向けられることになる。この同性への関心は，同性と自分との比較という形で現れることが多いため，そこに優劣の感情を伴うことになる。この時，自分の方が他者より優れている面だけが見えれば，それは優越感となる。ところが，思春期の子どもの多くは，他者との比較において，自身の劣っている面に注意が向くことになる。さらに，先に述べた「現実化」の課題が加わるために，自分を過小評価してしまい，劣等感が生じやすくなるのである。

このような思春期の特性を親が理解し対応することで，不安定な思春期を子どもたちが乗り越えていくことになる。性や攻撃性の衝動が高まることを知っていれば，親に対しての反発が第二反抗期の行動であり，正常な発達の現われであるとの理解から，要らぬ摩擦を避けることが可能となる。また，性の目覚めは，当然のように家庭内の異性に対しても戸惑いを示すようになる。女子にとっては父親が，男子にとっては母親が，それぞれ最も身近な異性ということになる。このため，娘が父親から距離をとろうとして，逆に「きもい」とか「くさい」などと言うようになるし，息子は母

親に対して「うるせー」「くそばばー」などの悪態をついたりするようになる。

　また，同性の親に対しても劣等感から，避けるようになったり，訳もなく反発したりすることになる。この子どもたちの態度に，「親に対して，その態度はなんだ！」などと真正面からぶつかってしまうと，さらに彼らの劣等感を強めてしまい，それこそ火に油を注いだ状態になってしまう。思春期の特性を理解し，親がこうした性衝動や攻撃性からなされた言動に対して，さらりとかわすことが求められる。つまり，親のユーモアがもっとも効果的な対応となる。「くそばばー」などの言動に，「この子も，私に恋をしてるのだな」と捉えれば，腹も立たない。もしやり返すなら「私がクソばばーなら，あんたはクソから生まれた，クソ太郎かい」とか，「クソは汚いことばだから，もっときれいにウンチおばさんとよんでね」くらいに返しておけばよいのである。思春期の子どもに対する親は，このような余裕が大切になる。

　また，父と息子，母と娘といった，ライバルである同性間の対応では，時に親が一歩引いて子どもと対等な関係をもつことも必要になる。父親が，息子に「自分も，お前と同じくらいの時に，こんな失敗をしたよ」などの失敗談を聞かせたり，母親が娘に「服を買いたいけれどセンスが悪いから，あなたがアドバイスして」などの対応が効果的である。

　しかし，いつも親がユーモアで受け流していたり，一歩引いていれば良いわけでもない。子どもがまじめに相談してきた時や，問題行動を示したとき，またいつもと変わった様子が続いた時には，親はきちんと彼らに向き合う必要がある。「これまで，お前を信じて任せてきたけど，今回のような問題を起こしたということは，なにか心に引っかかることがあるのかな？　今日は，じっくり話を聞くよ」といった対応が大切であろう。なにも，頭ごなしに叱責する必要はなく，いつでも困った時には，親はきちんと向き合う用意があるという姿勢を示すことが重要になる。

　このように，思春期の子どもへの親の対応では，「いなし」と「対峙」という両面が必要となるのである。

⑥青年期

　青年期（17〜25歳ごろ）の子どもたちにとっては，定位家族からの自立が大きなテーマとなっていく。子どもたちが親の庇護から巣立つためには，①経済的，②精神的，③社会的の3側面の自立が必要になる。

　経済的自立とは，一定の職業に就き収入を得て，自らの食いぶちを賄うだけではなく，いずれ家庭をもった時に家族を養っていけるだけの安定的な経済力をもつことである。精神的自立は，親への依存状態からの脱却を意味する。

　ところで，私たちは自立を，他者にまったく依存していない状態を表す概念であると考えてしまいがちであるが，他者に依存しないで生きていくことは，実際には困難である。特に，現代のような複雑な社会では，一人で衣食住の生活すべてを，誰にも頼らずに賄っていくことはできない。生きていくということは，どこかで誰かを頼る，あるいは人に依存することによって成り立つ行為なのだと考えられる。つまり，誰にも頼らずに一人で生きていこうとすることは自立ではなく孤立となってしまう。

　このように考えると，依存の対概念として自立があるのではなく，すべての生活行為が依存であり，その依存には，他者にすべてを委ねてしまう「未熟な依存」と，人に頼るところは頼り，自分のできることは自分で行い，他者からも頼られるという，ギブ・アンド・テイクの関係である「成熟した依存」があると考えられる。この成熟した依存関係を「自立」とよぶとすると，「未熟な依存関係」から脱して，「成熟した依存関係」をいかに形成していくかが，この青年期の課題となる。

　社会的自立とは，社会のなかでの「自己の位置づけ」を明確にし，社会参加していくことを指す。このためには，自分とは何者であるかという，エリクソン（Erikson, E. H.）が定義したアイデンティティ（自己同一性）の確立が必要になる。このアイデンティティの形成では，常に社会のなかでの自己の位置づけという観点からの検証が必要であり，これを見失うと自己同一性が拡散してしまうことになる。また，アイデンティティの

形成は青年期の重要な課題ではあるが，青年期に一度確立されればそれで良いというものではなく，人生80年の現代においては，その後の人生のなかで常に修正し続けなければならない課題でもある。

このような青年期の子どもをもつ家庭では，親の役割として，子どもの自立を支援することのほかに，子どもが巣立った後の夫婦生活や，老後の生活設計とその準備が必要になる。これまで，子どもの養育だけを目標としてきた親にとっては，新たな人生目標を立てていくことが重要な課題となる。

青年期までの子どもの発達段階とその課題について，各段階の親のかかわりを含めながら見てきた。このような見方をすると，この発達段階が子どもの心の発達の段階だけではなく，親が親になるための段階であることにも気づく。

多くの親は，このような発達段階の考え方も知らないまま，それなりに子育てをしてきたし，現在でも多くの親が自然に行っている。そこで，図3-2を再度見ていただきたい。0歳から2歳，4歳，6歳には意味がある。これを数え年で置き換えると，0が1歳になり，2歳が3歳，4歳は5歳，そして6歳は7歳となる。つまり，「七五三」ということであり，社会のなかに自然にこの発達段階が位置づけられていたのである。その後も，入学式，卒業式，成人式などの儀式がこの発達段階の節目としての意味をもっていたのである。

3　家族の消滅

人生50年と言われた時代には，子どもが自立し定位家族を離れるころに，親もその人生を終わるということが多かった。しかし，現代は子どもが自立した後にも，子どもを育ててきた期間以上に長い人生が残されている。子どもが巣立った後の家庭では，それまで，子どものことで気にしてこなかった夫婦間の課題が，徐々に表面化してくることもある。

また，身体的な衰えや高齢期になってのさまざまな病気や，夫婦どちらかの介護の問題なども生じてくる可能性がある。

これらの，新たな課題に対する対応も考えていかなければならない。このような，課題に対応しながら生活を続けていくなかで，夫婦のどちらかが亡くなった時に家族は消滅したと，家族心理学では捉えているのである。もちろん，現代家族のなかには，離別という形で家族が消滅する場合も多く認められるようになってきている。

> コラム3

思春期息切れ型不登校

　思春期とは，急激な身体の変化に加えて，さまざまな課題に取り組まなければならない時期です。このため，思春期特有の症状や問題行動が示されることになります。たとえば，非行や不登校，神経症や親への反発などです。ここでは，そのなかから「思春期息切れ型」とよばれる不登校について取り上げ，そのメカニズムについて考えてみたいと思います。

　思春期息切れ型不登校を示す子どもは，それまで問題を起こすことも無く，どちらかというと「良い子」として先生や親から評価されていた子どもたちです。その良い子たちが，ろうそくの炎が消えてしまうように，突然，力が抜けて不登校に陥ってしまうため，周囲も驚き，どう対応したら良いのか分からずに戸惑ってしまうことになります。

　子どもたちは，それぞれ10のエネルギーをもっていると仮定した時，多くの子どもたちは，10のエネルギー全部を使うことはありません。周囲に合わせるためにも，そのなかの6くらいしか使わず，残りの4のエネルギーは残しておきます。親や先生にしてみれば，10の力をもっているのだから10使う努力をしてほしいと望むため，余力を残している子どもにイライラするわけです。

　一方で，良い子を演じてきた子どもたちは，10の力全部を使って何とか周囲の期待に応えています。しかし，思春期は個人の内部にも変化が起こるために，それに対応するために，内部に向けていくエネルギーが必要になります。余力を残していた子どもたちは，それを使うことができるのですが，10のエネルギー全部を外部への適応に使ってきた子どもは，それができません。たとえできたとしても，外部に対してもう10の力を使うことができなくなります。このため，周囲に適応できなくなり，不登校状態に陥ってしまうのです。

4章　家族関係の理解

　家族というシステムは，そのなかにさまざまな人間関係（サブ・システム）を内包している。家族の誕生から考えれば，夫婦関係に始まり，そこに親子関係が生まれる。この親子関係のなかには，母子関係，父子関係が含まれる。さらに，きょうだい関係（同胞関係）が生じ，拡大家族の場合には，嫁姑の関係や，祖父母と孫の関係も含まれてくる。
　ここでは，家族内のサブ・システムについて検討していく。

1　夫婦関係

　夫婦関係の類型については，これまで家庭経営における意思決定の優位性を，夫婦のどちらがもつかによって分類されることが多かった（三輪，1978）。たとえば，①夫優位型，②妻優位型，③一致型，④自律型といった分類や，①夫優位型，②妻優位型，③相談型，④分業型といった分類が示されてきている。
　また，夫婦の結びつきという視点から古畑と小嶋（1984）は，①性愛型，②人格型，③功利型，④他律型に分けている。この夫婦の結びつきの視点に臨床的視点を加えて，ここでは夫婦関係を以下の4分類で考えていくことにする。

a　母親型夫婦関係

　この夫婦関係性は，「かかあ天下」とか「肝っ玉かあさん」とよばれていたもので，妻が夫をまるで息子のように扱う夫婦関係である。妻が夫の世話を細ごましているため，一見すると亭主関白のように見えるが，実際

には夫が妻の掌の上で転がされていたり，妻に手綱を握られていたりする夫婦関係である。この関係性は離婚が少なく，安定した夫婦関係を維持することができるといわれている。

しかし，夫が家庭生活全般を妻に依存しているため，妻が病気になったり亡くなったりした時に，病理が表面化してくることがある。妻がいなければ，自分の下着がどこにあるのかもわからないといった夫が，妻に先立たれた後に精神的に不安定になり，一気に老け込んでしまうというような事例も多い。

b 人形型夫婦関係

このタイプの夫婦関係は，夫が妻のことを，自分の所有物として，まるでペットか玩具のように扱う。そこには，妻の人格を尊重するという意識が希薄である。夫は妻を溺愛し，物を買い与えたりするため，妻がその地位に甘んじている間は問題が表面化することは少ない。

しかし，妻の方が少しでも社会に目を向け始めたり，自分の意思を表現し始めたりすると，夫は豹変し，妻に対して家庭内暴力（DV）やストーカー的な行為に及ぶことがある。妻を同窓会にも行かせないとか，日に何度もメールや電話で妻の所在や行動を監視し，確認することもある。また，外出した妻を尾行していたという事例もある。

このタイプの夫婦は，子どもがいないことが多い。たまたま子どもが生まれると，夫は妻を自分から奪ったライバルのようにわが子に嫉妬したり，虐待したりするなどの事例も見られる。

c 奴隷型夫婦関係

封建的家制度の名残のような夫婦関係が，この奴隷型である。妻が夫に奴隷のように従うことが当たり前であるという価値観を夫がもっており，bのタイプと同様，妻の人格は否定されている。このような価値観をもった夫は，自分に従うことを，妻ばかりか子どもたちにも強制する。

また，男の甲斐性などとうそぶいて，家庭の外に女性関係をもつことも

ある。このような夫は，自分の考えを否定されたり，意見されたりすると暴力に訴えることもあり，家庭内暴力（DV）に発展することもある。

以前は，このような状況に置かれても，妻は経済的な力が弱かったため離婚もできず，それこそ妻が耐え忍んで夫婦関係を維持してきた。しかし，近年は夫婦共働きや女性の社会進出が拡がってきたこともあり，妻の経済力がアップしたことで，離婚に対する抵抗が少なくなった。さらに配偶者からの暴力は犯罪であるという認識が育ち，平成13（2001）年に「配偶者からの暴力の防止及び被害者の保護に関する法律」（DV防止法）が施行されるなど，家庭内暴力に対するさまざまな支援が行われるようになった。こうした社会的・法的認識の変化を背景に，このタイプの夫婦関係では，離婚する事例が以前よりも多くなってきている。熟年離婚などの事例のなかにも，このタイプの夫婦関係が意外に多く見られる。

d 仲間型夫婦関係

夫婦が愛情だけでなくお互いがそれぞれの人格を尊重しあい，何事も夫婦の対等な話し合いによって決定し，家事や育児も分担して行うなど，民主的な夫婦関係が，この仲間型夫婦関係である。

一見，この仲間型夫婦関係は問題のない理想的な関係に見えるが，もっとも離婚しやすい夫婦関係もまた，このタイプなのである。この夫婦関係は会話や意思疎通が潤沢であり，夫婦それぞれの人生目標や生活設計が，お互いに一致している間は夫婦関係を維持しているが，話し合いでその違いが明確になった場合には，わりと簡単に離婚することがある。

このため，この夫婦関係を維持していくためには，夫婦それぞれが相手の立場を尊重しながら，自分の意見をきちんと表明できるだけの能力と成熟した人格をもっていることが前提となる。また，日々，お互いの役割や目標を確認しあい，家族を維持していくためのメンテナンス（平木，2005）を，夫婦それぞれが継続して行っていくことが求められるのである（表4-1）。

以上，夫婦関係を4つに分けて検討してきたが，この夫婦関係も固定的なものではなく，家族の発達や周囲の環境の変化によって変容していく可

表4-1 母親が子供のことを話しあう相手（平成16年度）

1．子どもについての配偶者等との話し合い　　　　　　　　　　（人）

区　分	保未満	保以上	幼	計
ほとんど毎日	625 (23.9)	736 (17.0)	922 (17.9)	2,283 (18.9)
週に3，4回	519 (19.8)	762 (17.6)	865 (16.8)	2,146 (17.8)
週に1，2回	1,003 (38.4)	1,818 (42.0)	2,285 (44.5)	5,106 (42.3)
ほとんどない	468 (17.9)	1,009 (23.3)	1,067 (20.8)	2,44 (21.1)
合計	2,615 (100.0)	4,325 (100.0)	5,139 (100.0)	12,079 (100.0)

（注）　調査対象は，全国の保育園133，幼稚園28の児童の母親13,967人
　　　平成15年11月〜16年2月調査用紙回収調査。
　　　「保未満」は保育園の0〜2歳児，「保以上」は3〜6歳児，「幼」は3〜6
　　　歳児の母親を表す。
　　　　　　　　　　　　　※村山科研「保育・子育て全国3万人調査」2006

能性をもっている。母親型夫婦関係から仲間型夫婦関係に変わったり，奴隷型夫婦関係であったものが，夫の病気をきっかけに母親型夫婦関係に変化したりすることもある。次の投書は，母親型夫婦関係から仲間型夫婦関係に移行し，その後は離婚したものの，新たな関係性を築いた友だちの夫婦について書かれたものである。

> **ちょっと一言**
> 　友人のAさんが離婚されました。彼女は52歳，ご主人は55歳です。お二人とも学校の先生をされています。お子さんが2人いらして，上のお嬢さんは結婚されており，弟さんは今年大学を卒業されて就職されたばかりです。
> 　Aさんに言わせると，「息子の就職を一つの区切りに，私たちも新しい人生を始めることにした」とのこと。「夫の定年を契機に，離婚する妻が急増」という記事を読んだことがあるけれども，Aさんは子育ての終了（こういう言葉があてはまるかどうかはわかりませんが）を契機に離婚ということらしいのです。
> 　「子どもたちも理解してくれているし，なによりも夫とよく話し合っ

た上でのことなの。息子が大学に入ったころから，息子が大学を卒業したら，それぞれ新しい道を歩いていこうってね。それで，離婚後のために，夫はこの期間，料理を覚えたり，洗濯やアイロンがけなんて練習してきたのよ。その点，女の私は一応仕事もしているし，離婚に向けて準備したものなんて何にもなかったわ。

振り返ってみると，うちには子どもが3人いたのね。夫も子どもみたいだったわ。私がいなければ，下着の場所も分からなくて。いかに男が女に依存してきたかがよく分かったわけね。でも，この4年間は夫といろいろ話し合って，それぞれがお互いの意見を出し合い，気持ちを持ち寄って，結婚してはじめて夫と対等な関係がもてたような気がするわ。それに今でも，月に何回かは友だちとして会っているのよ」と，Aさんは屈託なく話す。

「でも，夫婦ってそれだけじゃないんじゃない。愛情とか，たとえばこれからどんどん老いていくんだし，一人では寂しいとか，そういう精神的なつながりっていうか……」と，私はうまく言えなかったのですが，彼女に聞いてみました。

「そうね，たしかに年をとると一人って寂しいかもしれない。でも，夫婦でいたってお互いが同時に亡くなることはめったにないでしょ。どちらかが残されるわけでしょ，現実には。そのときになって，なんの準備もなく寂しさに直面するのと，準備して一人でいるのと，どうかしら？

ただ，みんなの心に，死別は良くて離別は悪いことという考えがあるなら議論にならないし，私たちの生き方をみんなに押し付けるつもりもさらさらないのよね。ただ，私，今とっても自由なの」と笑った彼女は，なんだか女学生のようでした（秋山，1992）。

　この投書の主は，友だちのAさんの離婚が腑に落ちない一方，うらやましさも感じているようであるが，なにより，Aさん夫婦の関係性の変化が興味深い。ずっと母親型夫婦関係できたAさんご夫妻は，息子の大学入学を契機に仲間型夫婦関係へと変化している。このように，夫婦関係は変化していくのであるが，そこにはお互いの協力と努力が必要であることを，この投書は教えている。

2　親子関係

サイモンズ（Symonds, P. M.）は親の養育態度を，「支配的－服従的」「保護的－拒否的」の2軸からなる4つの類型で捉えている。「支配的」とは子どもの気持ちを顧みず，親の要求を一方的に子どもに押し付けるタイプの養育態度であり，「服従的」とはその反対に，子どもの要求をすべて親が受け入れ，親が子どもの言いなりになっている状態である。子どもをかまいすぎて過保護な養育態度を「保護的」とよんでいる。「拒否的」は，子どもを無視する親の態度である。

サイモンズは，この4つ養育態度のどれかが強過ぎたり，反対に足りな過ぎたりすることが，子どもの性格形成にさまざまな影響を与えると考えた。そして，それぞれの中間的態度をバランスよく保てる親の養育態度が適切であるとしている。

家族のサブ・システムである親子関係も，子どもの成長とともにその関係性は変化する。このため，子どもの成長のどの段階での親子関係を捉えるかによって，その見方も考え方も変化する。たとえば，子どもが幼児期の親子関係と，思春期のそれとでは，当然親子の関係性も異なってくることは，家族の発達のところで見てきたとおりである。

3　母子カプセルと世代間境界

親子関係を，夫婦関係との兼ね合いで見ていくと，①夫婦のつながりよりも，親子のつながりの方が強力な家族と，②親子関係よりも，夫婦の関係性の方を重視している家族とがある。欧米では②の夫婦関係を重視する家族が多いが，わが国では①の親子関係が強力な家族が多く認められる。

特に，母子のつながりが強力であるのが，日本の親子関係の特徴である。この母子の強力なつながりは，ともするとそこに父親の介入も許さないほど閉鎖されたものになることがあり，これを母子カプセル化とよぶ。母子カプセル化があまりにも強くなると，子どもがそこから出ることができなくなり，子どもの自立の妨げとなることがある。

この母子カプセルでは，子どもも母親に未熟な依存をしているが，同じように母親も子どもに未熟な依存をしていることが多い。いわゆる共依存の関係に陥っており，母子分離不安型の不登校や，家庭内暴力，児童虐待，社会的引きこもりなどが生じやすいことになる。
　このため，家族療法ではこのようなケースに対して，夫婦間のつながりを強め（親連合），親と子の間の世代間境界を明確化することによって，家族関係に変化を促すような働きかけを行ったりする。

4　きょうだい（同胞）関係

　きょうだい関係も重要な家族のサブ・システムであるが，一人っ子の場合にはこのきょうだい関係を経験する機会がない。近年，一人っ子が増えてきたこともあって，一人っ子同士が結婚することも珍しくない。両親がそれぞれ一人っ子であるという学生に聞くと，彼らには叔父叔母がいないので必然的にいとこもおらず，「親戚とか親類という感覚が実感として湧かない」という者もいる。
　さて，このきょうだい関係を考える場合に，最も重要な概念が，同胞葛藤とかシブリング・ライバリーなどとよばれる，きょうだい間の対立である。それまで一人っ子として親や祖父母の愛情を一身に受けてきた長子にとっては，新しく生まれてきた妹や弟は，それらの愛情を自分から奪っていくライバルとして認識される。また，第二子以降にとっては，周囲の状況が分かるようになった時には，兄姉という親の愛情をすでに受けているライバルが存在していることになる。つまり，親は長子にも第二子以降にも同じように関わったとしても，子どもにとってはそれぞれが親の愛情を取り合うライバルなのである。この対立関係に対してどのように対応するかが，その子の性格形成に大きく影響する。
　ライバルとして敵意を強く向ける子は，その後の人間関係でも攻撃的な性格傾向を示すし，ライバルの存在を否定しライバル自体がいないことにしてしまう子は，その後の人生でぶつかるストレスに対して，それ自体が無かったことにしてしまう否認や逃避といった態度を取りやすくなる。ラ

イバルに対して本当は敵意を抱いているのに、それを前面に出すと叱られるため、その後も自分の気持ちと反対の対応をとってしまう反動形成という処世術を身につける人もいる。この反動形成の例として、本来は親の愛情を奪うライバルであり攻撃したい対象である弟や妹に、それを直接表出すると親から叱られるという思いから、「○○ちゃん可愛いね」などと、親の期待に添う対応を無意識にしてしまうことなどがあげられる。

5　家族内の母性と父性の兼ね合い

　子どもの心の健全な育成には、家庭内に母性と父性が必要であり、両親がそろっている方が良いなどと言われることがある。これは、父性や母性を実際の父親や母親と混同するところから起きているとも考えられる。たしかに、母性や父性という言葉が母親や父親のイメージから導き出されてきたことを思えば、この程度の混乱はまったく的外れとは言えないだろう。しかし、臨床や教育の場面では、「母性が大切だ」として「子どものそばには常に母親がいることが必要である」と、母親に勤めを辞めるように勧めたり、「父性の欠如」を口実にして体罰が行われたり、ひとり親家庭を非難したりするなど、子どもや家族に対する実害が生じやすい。母性や父性という考え方は、母親や父親のイメージから導き出されたものである。この「イメージである」という理解が大切であり、実際の父や母を直接指しているのではないということを確認しておかなければならない。

　イメージとは、「母なるもの」あるいは「父なるもの」に対して、皆が共通にもつ感覚的部分である。母性や父性という言葉から個々人が感じるものはそれぞれ特定可能であっても、万人に共通するものとなるとその要素的なものだけが抽出される。そのため、現実の父や母とは随分異なったものとなる。たとえば母性について、「母なる大地」とか「お袋さん」と言われるように、母なるものには「含み・産み・育み・受け入れる」といったイメージが要素として取り出され、想起されることになる。ここには、すべてのものを生じさせる源であり、そこから生じたものは一律に受容し育んでいくという感覚がある。

ところで，すべてのものを受け入れるということは，相反するものをも受け入れることであり，そこに矛盾が生じる。また，一般に善は受け入れやすいが，悪は受け入れ難い。このように考えると，すべてを受け入れるという母性は，「善悪・美醜・高低・賢愚」などの評価や価値判断をしていないことになる。あるいは，そうした評価を一度は行った上で，さらにすべてを許し受け入れる許容がその本質と考えられる。
　しかし，度が過ぎると相手を捕らえ呑み込んでしまい，その対象を身動きできない状態に落とし込んでしまうことにつながる。
　つぎに父性には，生まれてきた子を谷から突き落とし，自力で這い上がってきたものだけをわが子として認め育て上げるという，獅子と共通するイメージがある。そこには，評価（比較）選別の機能が見られるが，これは決して拒絶ではない。評価する側にはされる側以上の責任が伴うからである。
　つまり，適切な評価を行うためには評価を行う側にも甘えや曖昧さは許されず，厳密な基準や厳しさ，さらに強靭さなどが要求される。すると父性の要素としては，「切断・突き放し・比較・評価・責任感・規律・厳格さ・力・強さ」といったものが挙げられる。これらは，いわゆる社会性といわれるものと重なると考えられる。そして，ここにもその度が過ぎると破壊に至るという，負の側面があることに気づく。
　さて，ここで子どもの養育にとっての母性，父性の役割についてまとめてみよう。許容し育む力を有する母性に包まれている間は，子どもは不安も恐れも感じずに，常に安定した状態にあり，万能感に浸りきっていることができる。生まれて間もない子どもは，よほどの劣悪な養育環境にない限り，誰もがこの母性に包まれた状態を経験する。母性的なかかわりをもってくれる人は，実際の母親とは限らない。父親，祖父母，兄姉かもしれないし，まったくの他人の場合もあろう。
　この時，もし母性が不足していると，心の安定感が脅かされることになり，その後の情緒の発達に悪影響を及ぼすことになると考えられる。また，万能感を経験しないため，劣等感や自己に対する信頼感が育たないとも言

われている。

　しかし，反対に母性しか経験しない子どもは，この状態が非常に心地よいものであるため，そこから抜け出ることができなくなる。ただし，一般的にはこの心地よい状況は長続きしない。子どもの認知機能の発達による第三者の存在の理解や，それまで母性的であった人が子どもの発達に応じて父性的なかかわりを始めるなど，発達に伴う対人関係の変化が生じるからである。

　排泄を例にとってみても，それまで垂れ流していても褒められこそすれ叱られることはなかった行為が，ある年齢になるとオムツはずしだの，トイレット・トレーニングだのといって訓練されるようになる。うまくできた時は良いが，失敗すると叱られることになる。これは，同一人物の母親であっても，それまでの母性的な全面的受容介助から，訓練評価という父性的な面を出さざるを得ないことを端的に示していると思われる。

　ところで，これは子育てにおいてその時期ごとに母性と父性の重点が移るということであり，ある時期にはどちらか一方があればよいということではない。すべての時期の養育活動においては，母性と父性のかかわり具合が問題なのであり，どちらか一方だけが必要ということではないのである。そして，この母性と父性は性別に関わらず家族内の誰が担ってもよく，また，一人の親がその両面を状況に応じて示してもよいのである。

　母性と父性の兼ね合いと，そこに生じやすい子どもの問題について図示したものが，図4-1である。

　このような，母性と父性の兼ね合いが，子どもの性格形成に影響を与えるという考え方は，パーソンズの道具的役割と表出的役割のなかにも認められる。パーソンズは，家族内において①集団の外部からの要求や課題に適応していく機能を道具的役割とよび，②集団内の各成員の要求を適切に処理する機能を表出的役割と定義しており，これらが適切に機能していることが，子どものパーソナリティの形成には大切であると考えた。

　パーソンズは，道具的役割は父親が担い，表出的役割は母親が担当するとしている。しかし，さまざまな家族形態が存在する現代的な感覚からす

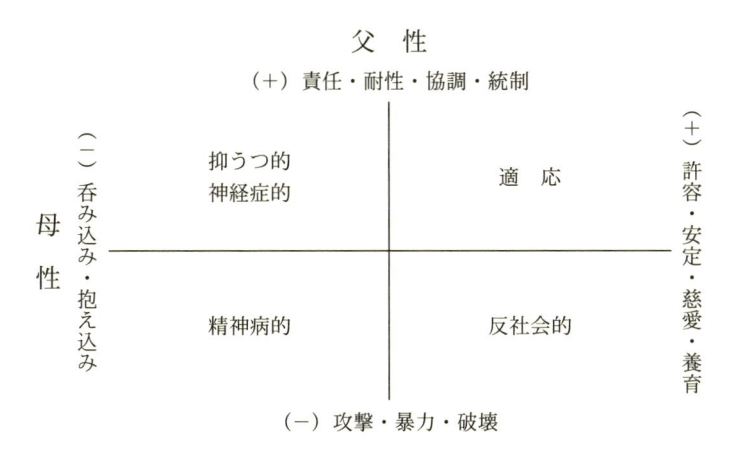

```
                  父　性
            （＋）責任・耐性・協調・統制

（－）       │抑うつ的        │              （＋）
呑          │神経症的        │   適　応      許
み   母     │               │               容
込   　     │               │               ・
み   性  ───┼───────────────┼───────────    安
・          │               │               定
抱          │精神病的        │   反社会的     ・
え          │               │               慈
込          │               │               愛
み          │               │               ・
                                             養
                                             育
                  （－）攻撃・暴力・破壊
```

図4-1　父性・母性の兼ね合いと心理的問題

ると，これも実際の父母ということではなく，家庭内にこの2つの役割がバランス良く整っていることが大切であることを示していると考えられる。

ところで，子どもの示す問題行動への対処を考える場合にも，この父性と母性の兼ね合いが重要な視点となる。たとえば，不登校状態を示す子どもへの対応を考えた時，これまではどのような不登校に対しても，「登校刺激を与えずに，見守りながら心の成長を待ちましょう」などという対応がなされてきた。これは，母性的な関わりを重視するという対応であるが，図4-1の4領域で考えると神経症圏の不登校に対しての対応ということになる。

この領域の不登校では，父性のプラス面は十分に身についており，「外から戻った時には手を洗わなければならない」とか，「人に会ったら，不愉快な思いをさせてはならない」という規範意識（父性）が強い。しかし，母性がマイナスのためにエネルギーの配分が難しく，それらの行動を適切に行うことができず，強迫的に手を洗い続けていたり，人に会うことに強い不安をもつようになったりする。したがって，援助としては母性をプラス面にシフトさせていくことが求められるため，上述したような「登校刺激を与えずに，見守りながら心の成長を待ちましょう」といった母性的関

4章　家族関係の理解

わりが効果を上げることになる。

　ところが，図4-1の4領域の反社会的領域のいわゆる怠学傾向，あるいは社会性未熟型の不登校に，この母性的な関わりを行うと，すでに母性のプラス面は十分に備わっているため，母性の反転が生じて母性のマイナス面に転落してしまうことが多い。このため，この領域の不登校には，母性的な関わりよりは父性的な関わりが必要となり，訓練やしつけが援助としては効果を上げるのである。

　つまり，事例ごとに適切な見立てに基づいた援助を行うことで，効果的な結果に導くことが専門家には求められているのである。

> コラム4

多様な家族の形態と父親的・母親的役割

　「家族」というと，私たちはどうしても，両親がいて子どもたちがいるというイメージをもちやすいようです。しかし，よく考えてみると，現実的にはそのような家族や家庭だけではありません。

　いろいろな理由でひとり親家庭であったり，両親はそろっていても，父親が長いこと単身赴任をしている家族，祖父母だけで孫を育てている家族，子どもがいない夫婦だけの家族など，さまざまな家族の形態があります。

　このように，実際には多様な形があるのに，どうしても典型的な家族イメージが理想的と思ってしまうところに，いろいろな問題が生じてきます。母子家庭や父子家庭の親御さんが自分を責めてしまったり，子どもさんのいない家庭を敵視して批判する人が現れたりします。

　子育てにとって大切なことは，そのような不安や批判ではなく，いろいろな家族があることを前提としながら，それぞれの家庭でどのような大人の関わりが子どもたちに必要かを考えていくことです。このとき参考になるのが，子どもの心がうまく成長していく時には，①心の安定をはかり安心感を与える母親的かかわりと，②忍耐力や責任感を教える父親的かかわりの両方が家庭のなかにある，という考え方です。これは，実際の父親と母親のことではありません。一人のお母さんが両方の役割を担っても良いし，父親が「母親的に」かかわるのであれば，母親が「父親的に」かかわってもかまいません。また，母親が父親的にかかわり，祖父が母親的でも良いのです。両親がそろっているかどうかよりも，家庭のなかのこのバランスが保たれているかどうかが重要なのです。

　同じことが，組織のなかでも生じます。会社でも学校でも，うまく機能している組織では，母性的な関わりと父性的な関わりがバランス良く保たれているものです。そこには，個人的な資質として母性的であったり，父性的である人がいたりするだけではなく，組織内の役割としてそれぞれの役割を担う担当部署が決まっていることがあるようです。

5章　現代家族の課題とその対応

＊＊＊＊

1　価値観の多様化への対応

a　受容的態度

　事例1，事例2の相談を見ると，世の中にはさまざまな家族が存在していることが分かる。それは，両親がそろっている家族や母子家庭であるといった家族形態だけではない。経済的レベルや文化的背景の違いからくる価値観の多様性であり，同じ家族はどれ一つとして存在しないということである。そして，どれが正しい家族であり，どの家族が不適切な家族であるかということも，一概には言えないということである。

〈事例1〉

　Hさんは来談の1年前に離婚をされ，一人で小学校5年生の長女と小学校3年生の長男の2人を育てておられる母親である。筆者は「お母さん，今日はお子さんの相談ということですが，どのようなことでしょうか？」と問いかけた。この問いかけに，Hさんは「学校の先生から，長女も長男も遅刻が非常に多いと言われた。それに，長男は朝食を食べずに登校するためか，給食の後は落ち着くけど午前中は落ち着きがないかボーとしていることが多いとも言われ，朝食をきちんと食べさせ，遅刻しないように親からちゃんと注意してほしいと言われてしまった」と，悔しそうに話された。
　そして，「生活のために，週に4日は夜の11時から朝8時まで清掃の仕事をしており，日中も週3日はコンビニでバイトしている。夜の仕事に行く時は朝食を作って出かけるが，食べるところまで見届けられないし，子どもの登校時間に帰れないことも多い」とも話している。

またHさんは付け加えて、この相談を学校のスクール・カウンセラーにしたところ、非常に丁寧に話は聞いてもらったが、「奥様」とか「お子様」といったカウンセラーの言葉があまりにも丁寧過ぎて、「何か、他人の名前を呼びながらあやされている感じ」がしてしまい、1回だけであとは相談していないとのことであった。

〈事例2〉

Yさんは、子どもの教育について相談したいと予約され来談された。筆者が「奥様、今日はどのようなご相談でしょうか？」と問いかけると、Yさんは「一人息子のTが小学校に入学して給食を食べるようになってから、家でもおいしくないものまで口にするようになってしまった」という。その背景には、担任の先生から「好き嫌いをしないで、給食で出された物は残さず全部食べるように」との指導があったとのことである。

そこでYさんは、「口に合わないものや、おいしくないものは残しても良いと指導してほしい」と、夫とともに担任の先生に申し入れたが、反対に「ご両親のそのようなしつけは間違いである」と先生から言われてしまったと落胆されている。筆者が「ご子息が、美味しくないものを口にするようになったことと、ご自分のしつけの方針を否定されたことが、今日のご相談の中心と考えてよろしいでしょうか？」と要約して返した。

それを受けてYさんは、「子どもを大切に慈しんで育てるには、まずは食が大切です。そのためには、きちんとした食材を選び、栄養のバランスを考え、おいしい料理を子どもに提供するのが親の愛情であると思います。添加物などが入っていたり食材に問題があったりするものを見分けるために、口にした時おいしくないと感じた食べ物には手をつけない能力を、子どもの身につけさせることも大切な食育ではないのでしょうか」と話された。続けて「私のような主婦では到底適切な食材選びから、バランスの良い食事を作ることまでできませんので、宅では専門の料理人を雇って食事を作らせています」とのことであった。

しかし、私たちはみな生活をしていく上での判断基準として、それぞれの価値観を有している。相談を受ける時に援助者は、自分のもっている価

値観ですぐに判断するのではなく，一度相談者の気持ちを理解するように努め，まずは相手の状況を良く把握する努力が必要となる。カウンセリングでいう受容とは，本来このような姿勢をいうのである。

　たとえば，Yさんの話を聞いた担任の先生が，「ご両親のそのようなしつけは間違いである」と即座に応じたのは，この受容的な過程を飛ばしてしまったことになる。しかし，Yさんの話をよく聞き，最近社会問題となっているように，食材の産地偽装や農薬入りのものが出回っているといったことが明らかになり，Yさんがそのことに不安を抱かれていることが分かると，Yさんの不安を理解することはできるのである。

　価値観が多様化し，自分たちとは異なる考え方や感じ方をする人たちと関わっていかなければならない現代社会においては，ますますこの受容的態度が重要になると思われる。そのためには，相手をよく観察することが必要となる。

b　観察と監視

　ここでいう観察とは，相手の良いところを認める態度である。一方で監視とは，相手の問題点や悪いところを見つけ出そうとする姿勢である。たとえば，子どもの夏休みの宿題である自由課題などでは，「朝顔の監視日記」ではなく「観察日記」ということになるし，コンビニエンス・ストアや銀行などに設置されているカメラは，観察カメラではなく監視カメラである。

　自分と異なる考え方や意見をもつ人と関わる場合，私たちは無意識的に監視してしまうことがある。その時，一度カメラを観察カメラに切り替えてみる必要がある。観察する場合は，相手に関心を向けながら，「なるほど，そういう考えもあるのか」と感心しながら対応すると良いようである。

　「家族なのだから，同じ価値観や考え方でいる」とは限らない。そこで，親子間や夫婦の間でも，この観察ができると関係がより良好になることがある。「親」という字が，「木」の上に「立」って，少しはなれたところにいる子どもを「見」る，と書くのも，この子どもを観察する人が親なのだ

ということを示しているのかもしれない。最近は，木から降りて子どものすぐそばに行き，子どもの頭の先から足の先まで四六時中監視している親もいるようであるが。

　監視には，自分と異なる価値観や考え方を批判し排除しようとする態度を強める作用がある。したがって，監視する社会になればなるほど，そこに「いじめ」の構造が作られ，強められることになる。なぜなら，いじめとは自分と異なる考え方や価値観をもち，異なった行動をとる者を排除しようとするところから生じる現象だからである。

　朝の通勤電車の中での光景であるが，女子高生などが座席に着くとすぐにみな同じような鏡を取り出し，さらに鞄の中からいろいろな道具を出して，顔に図画工作を始める場面に出くわす。このような情景に対して，「公衆の面前で化粧するとは，最近の女子学生には羞恥心がない」などの非難の文章が，新聞の投書欄などに載ることが多い。もちろん，自分の意見を投書するなどして表明することは良いことであるが，このような投書には監視の態度がある。また，そのような投書をしたとしても，電車のなかで化粧をするという彼女たちの行動を止めさせることは難しいだろう。

　カウンセラーは，彼女たちの化粧行動を変えるには具体的にどのように関わったらよいのかを考える。たとえば，彼女たちに面と向かって「恥ずかしくないのか」とか，「電車のなかでの化粧はやめなさい」などと叱責しても，たぶん彼女たちには効かないばかりか，反発される可能性がある。そこで，彼女たちを観察してみると，なかなか素晴らしいところがあることに気づかされる。高校入学したての１年生くらいの子は，まだまだ図画工作の技術が未熟なようで，眉毛を描いている時に電車が少し揺れただけで，歌舞伎役者のような眉になってしまったり，つけ睫毛がおでこについてしまったりするし，工作の途中で降りる駅についてしまい，睫毛が片方だけしかついていない奇抜な化粧で登校していくなど，ちょっとした失敗をしていることがある。それが，高校３年生にもなると，降車駅までの時間配分も的確であり時間内に作品を完成させるほか，少々の電車の揺れにも動じないだけではなく，突然のアクシデントにも対応できている。たま

たま，隣に座っていた男性がウトウトしながら，化粧している子にぶつかった時も，歌舞伎役者のような奇抜な化粧になることもなく，うまく対応している。このように，観察していると，「彼女たちもスキルアップしていくのだな」と感心する。

このことは，彼女たちの行為を認めているわけではない。もし彼女たちに声をかけ，彼女たちの行為を変化させるのならば，「こら！」という叱責よりも，「じょうずなものだね。揺れる電車のなかでこんなにうまく化粧ができるなら，揺れない鏡台の前でしてきた時は，どんなに可愛くなるのかな」と言った方が，彼女たちに言葉が届くのではないかと考えているのである。

まだ化粧する彼女たちに試したことはないが，こんな経験をしたことがある。喫煙する私が，今ではどこも禁煙である地下鉄のホームで電車を待っていた時のことである。禁煙のはずのホームで良い香りがしてきた。見ると，鳶の兄さんがタバコを吸っている。そのそばを「禁煙だぞ！」とか，「チェ」とか言いながら何人かの大人が通り過ぎたり，明らかに嫌だという態度を示したりする人たちに，その兄さんはわざと大仰にタバコを吸ってみせていた。たまたま少し酔っていた私は，ついついその良い匂いに誘われてしまい，彼のそばでニコニコしながら，そのタバコの匂いを嗅がせていただいていたことがある。その兄さんは，チラチラとこちらに視線を移していたが，ついに耐えきれなくなったのか「何？」と聞いてきたので，思わず私が「良い匂いだね」と言うと，「じゃ，消すよ」と応じたのである。そのあと，「昨日は文句を言ってきた親父をぶん殴りそうになった」などと言われて，一気に酔いが醒めたのであるが，「禁煙だぞ！」と言うのと「良い匂いだね」のどちらが彼の喫煙行動を変化させ得たかお分かりいただけたと思う。

もちろん，この時の私は，カウンセラーとして関わったわけではなく，単なる酔っ払いなのであるが，このエピソードから童話の「北風と太陽」を思い出された方もあろう。観察には，相手を変えるためのリソース（資源）を見つけ出す力があることが分かる。

c　共感的理解

　受容的に観察することは，相手の価値観や考え方をすべて肯定し認めてしまうことではない。相手の状況が十分に理解できたうえで，そういう状況であったら，自分ならどのように感じるかを，親や援助者は自分との対話を通して考え，その時の自分の気持ちや感情を素直に相談者に伝えて確認していく。その作業が，共感ということになる。

　「お話を伺っていて，私だったらこのように感じるのですが，このような感じ方でよろしいでしょうか？」という確認作業である。相談者が「このような状況で，辛いのです」と話したことに対して，援助者が「辛いのですね」と返す感情の反映という技法が，心理療法のなかにある。これなども，「そうか，相談者は辛いと感じているのだな」と援助者が思うだけであったり，単に相談者の言った感情を表す言葉を繰り返せばよいというレベルのものでは，本来の共感にはならない。相談者の状況をよく理解しながら，そういう状況なら私（援助者）も「辛い」と感じるという，実感を伴いながら伝え返すことに意味がある。

　したがって，援助者側の感じ方と相談者の感じ方が一致した時には，相談者から「そうなんです，辛いのです」という同意がなされ，そこに共感が成り立ったことになる。もしこの時，相談者の方が，援助者側が言う「辛い」という気持ちとは微妙に違うことを感じていたとすれば，「先ほどは『辛い』と言ったけど，辛いよりは苦しいと言った方があっているかもしれない」などと修正してくることがある。この修正を繰り返すことで，相談者と援助者との間で感情の共有が行われると考えられるのである。

　これまで，共感とは「相手の内的な世界を，あたかも自分のことのように感じようとすること」と定義されてきた。たしかに，世界が狭く生活環境もさほど他者と異なっていなかった時代であれば，相手の状況も自分の経験とあまり大差がなかったのであろう。その場合は，相手の話を聞いて，それをあたかも自分のことのように感じることができたかもしれない。

　しかし，今日のように高速交通の発展や情報機器の普及，それに格差社

会といわれる現状においては，人それぞれの考え方も価値観も，生活様式もまるで異なる者同士が関わらなければならなくなり，「自分のことのように感じること」は難しくなる。そのために，確認していくという対応が求められるのである。

―〈事例3〉―

　スクール・カウンセラーとして関わった中学2年生のT君は，小学校6年生の途中から不登校状態で，中学に入ってからは一度も登校していなかった。担任の家庭訪問には本人も応じてきちんと話をするのであるが，なかなか登校までには結びつかない。そこで，学校からの要請でカウンセラーが家庭訪問による援助を行うことになった。
　家族は，公務員のご両親と本人，それに小学校6年生の妹の4人で，日中の訪問時には両親も妹もそれぞれ仕事と学校でおらず，本人と2人で話ができた。
　T君は中学2年生の男子にしては非常にしっかりしており，学校には行けないが家ではちゃんと勉強していることや，この1週間に読んだ本の話などをきちんと話していた。しかし，不登校の原因がわかるような内容はまったく話されないまま，1カ月程度過ぎた時，T君の父親が癌で緊急入院し，手術ということになったため，落ち着くまで家庭訪問を控えることになった。父親は40代と若かったこともあり，癌の進行が早く，手術から2カ月後には亡くなってしまった。
　3カ月ぶりに家庭訪問を再会した時に，「僕がT君と同じように中学生で父親に亡くなられたら，非常に悲しいし，これからの生活や将来のことが不安でいっぱいになってしまうと思うけど，T君はどうですか？」と問うことで，彼の気持ちを知ろうとしてみた。するとT君は，「先生がそう聞いてくれたので，本心を言います。今，最高に幸せです」と答えたのである。
　その事情を詳しく聞くと，父親は酒乱で毎日のように酔って帰ってきては，家族に暴力を振るい，物を壊すといった状態が続いていたという。T君は，「僕たちは犬みたいでした。母と妹と3人で夕飯を食べていて，父が帰ってくるのがずっと遠くでも分かると，その瞬間に食卓が凍りつきます。食事の途中でも僕が妹を連れて2階に上がり，妹を抱いて押入れの布団の奥に隠れるのが僕の仕事でした」という。

父親が帰ってくると，階下では父親の怒鳴り声と母親の悲鳴，それに物が壊れる音がして，妹が泣くとＴ君が押入れの中で妹の口を手で塞ぎながら，「泣かないで，お父さんに見つかっちゃうから」というのが日課だったとも話してくれた。
　畑に囲まれた一軒家だったこともあり，周囲にも父親の家庭内暴力や児童虐待は知られなかった。また，母親からも「外では，決して家のことは話さないように」と強く言われていたとのことである。
　Ｔ君は，「葬式の時に，親戚や地域の人，学校の先生とかがたくさん来てくれたけど，みんながみんな『辛いでしょう』，『悲しいでしょう』，『可愛そうね』，『気持ち分かるよ』などと，同情の押し売りをしていったので，本心を言うことができなかった」という。

　このＴ君のケースからも，共感とは同情の押し売りではなく，相手の気持ちの確認の作業であることが分かる。

２　コミュニケーションの工夫～内容と文脈～

　再び，事例１と事例２に戻って考えてみよう。事例１のＨさんには「お母さん」と呼びかけ，事例２のＹさんには「奥様」というように，筆者はＨさんとＹさんに対する言葉づかいを変えている。Ｈさんがスクール・カウンセラーに相談した時，カウンセラーの用いることばがあまりにも丁寧すぎて違和感があったと話されているように，丁寧な言葉づかいをすれば良い面接ができるというものではない。

　相談者の生活・文化レベルに応じた対応を，援助者は心がけなければならない。つまり，ことばが相手に届くためには，相談者と出会った時から注意深く，相談者の用いる言葉や振る舞いを観察しておくことが必要になる。この観察の必要性については，先の「観察と監視」のところで述べたとおりである。

　「私は話しべたで」という方に聞くと，「何を話してよいか分からない」という返答が多い。私たちが人とコミュニケーションをとりたいと考える時，まずはじめに気になるのが，この「中身のある，良い内容を話さなけ

ればならない」という思い込みである。

　しかし，実際の日常会話では，話された内容よりもその場の雰囲気や話し方などの方が重要な要素となっている。この雰囲気や話し方を，話の「内容」に対して「文脈」という。つまり，会話とは「いつ，どこで，誰と誰が，何を，どのように話していたか」ということになり，このなかで内容は「何を」だけなのである。その他の「いつ，どこで，誰と誰が，どのように」がすべて文脈ということになる。

　この文脈が合わないと，いくら良い内容を話しても聞き手は話を聞いてくれないし，会話が続かなくなってしまう。たとえば，結婚式のスピーチなどを頼まれて，失敗してはいけないと何週間も前から本などを参考に，すばらしい内容のスピーチを考えて式に臨んでも，誰も聞いてくれないなどの期待はずれのことがおきる。「えー，お2人のご結婚に際しまして，私から一言申し上げます。結婚には，3つの袋が大切です。一つは，胃袋……」などとやっても，ほとんどの客は「早く終わらないかな」と思っているものである。内容はともかく，「こういう席で，こんなこと言っていいのかな？　まあ，皆さんが新郎の良いところをたくさん話されたので，僕は皆さんの知らない，たぶん新婦さんも知らない新郎の秘密を2つだけ話しちゃいます」などという友人の挨拶の方が，みんなの興味を引き聞いてもらえたりする。しかし，あまりにも結婚式の雰囲気を気にせず砕けすぎても，また場を白けさせてしまうことにもなる。

　また，私たちの会話は，文法的に正しい内容で常に話しているわけでもないし，内容のやり取りだけをしている訳でもない。その話の裏側にある文脈を読んでそれに反応していることの方が多い。ある家庭に電話をした時，3歳くらいの子どもが出たので，言葉に気をつけて優しく「お母さんいる？」と聞いたら，「いらない」と答えたという落語のオチがある。この応答は，たしかに文法的には正しいが，これが笑いになるのは，多くの人が「お母さんいる？」と問えば，「いるよ。ちょっと待ってね」などと母親に替わってもらえるという前提があるからであろう。つまり，「お母さんいる？」との問いかけのなかに，言葉には表れてはいないが「もしい

たら，お母さんに替わってください」という意味が含まれているのであり，私たちはそこに対応しているのであって，ただ単に文法的に応じているのではないのである。

中学校に英語を教えに来ていた米国の青年が，「Do you have a pen？」（あなたはペンを持っていますか？）に対して，持っていれば「Yes, I do.」（はい，持っています）という日本での教え方に疑問を感じて，「普通，友だちから『ペンを持っている？』って聞かれたとき，『はい，持っています』なんて言わず，『はい，どうぞ』って渡すよね」と言っていたのも，これと同じことであろう。

さらに，文脈が変わると同じ内容の言葉が，まったく異なった意味になってしまうこともある。恋人同士が熱々の関係（文脈）のなかで，相手に「バカ」と言ったとしても，それは愛の言葉として受け止められるが，少し関係が冷めてきた夫婦の間で，同じように「バカ」と言ったら，それこそ喧嘩の売り言葉となってしまうだろう。また，母親の「さあ，ご飯にしましょうか」という声かけも，これから夕食の準備に取りかかる時と，すでに食事の支度ができている時とでは，その意味が変わる。子どもたちは，最初の場面では「お母さんは，これから夕食を作るのだな」と考えるし，後の場面では「さあ，ご飯だ」と捉え，食卓を囲み始めるだろう。

このように，同じ内容でも文脈が変わるとその意味が変わってしまうことを知らないと，「良い内容を話したのだから，相手は聞いてくれているはずだ」では，コミュニケーションは成り立たないことになる。この文脈には，話し手と聞き手の関係性も含まれる。親と子の文脈も，教師と児童生徒や教師と保護者の文脈も，時代とともに変化している。

以前なら，「親の言うことは聞くべきだ」とか，「先生が言うことは間違いがない」という文脈ができていた。その時代は，親が「こら！」と言うだけでも子どもに親の気持ちが伝わったし，先生が「お母さん，このように家でも関わってみてください」に，親も素直に「はい，やってみます」と応じたものである。つまり，言葉数が多くなくても，話す時間が少なくても，この文脈が合ってさえいればコミュニケーションは成り立ったので

ある。しかし，現代では親子間でも，教師と子どもや保護者との間でも，少しずつ文脈の変化が起きてきており，そこにコミュニケーションの齟齬が生じたと考えられるのである。

この文脈の変化に気づかず，いつも同じ話し方をしていたのでは，親の声は子どもに届かず，教師の声も子どもにも保護者にも届かないことになってしまう。そして，「昔の子どもは，親や大人の言うことを素直に聞いたものなのに」とか，「最近の親は，教師を舐めている」という不満と非難に終始するか，「会話の時間を増やせ」というような表面的な対応策しか出てこないことになるのである。

3　時代の変化と文脈

a　生活圏の拡大と文脈のズレ

今日の交通網の整備と交通機関の発達により，私たちの生活圏は一昔前とは比較にならないほど広域化し，なおも拡大してきている。以前であれば，仕事も買い物もレジャーでさえも，自分の住む地域内で完結していた。たとえば，子どもたちの生活範囲などは，学区内に限られていたものである。しかし，今日では放課後に1時間以上かけて都市部の塾に通う小・中学生も，珍しくはない。

このように，生活圏が拡大すると，それまでは自分たちの住んでいる地域で，先祖代々受け継がれてきた風習や習慣，つまり価値観をそのまま受け継いでいれば，何とかうまく生活していけたということが揺らぐことになる。その地域で正しいと考えられていることが，他の地域では間違いであるとされたり，受け入れられなかったりする状況が生じてくる。

以前，東北地方で仕事をしていた時，納豆に砂糖を入れるというその地方の食べ方に，関東出身の筆者は度肝を抜かれたことがあった。また，大学入学のため長野から首都圏に出てきた学生が，母親とアパートの片づけを終えて両隣の住民に蕎麦をもって挨拶に行ったところ，「関わらないでください」と蕎麦を突き返されたと聞いて驚いたことがある。

このように食文化でも風習でも，地域によって，また時代とともに違い

が生じているのである。まして，人の考え方や価値観が場所によって，時代によって変わってしまうことは，当然のことと思われる。

〈事例4〉
　Eさんは，相談室に入るなり目に涙をためながら，「孫が自分のことを嫌って，電話をしても出てくれなし，会いたくもないと言われて辛い」と切り出された。詳しく話を聞くと，首都圏に嫁いだ娘に4歳の孫がいるとのことである。孫が生まれてから，祖母であるEさんが娘の家を訪ねたりしていたが，孫もだいぶ大きくなったので長旅も大丈夫だろうと，今回初めての里帰りとなった。
　そこで，Eさんは孫に最高のもてなしをしてあげようと，腕を振るって料理を作り，孫も喜んで食べていた。特に鍋料理を「おいしいね」と孫は喜んで食べてくれたが，「このお肉，何？」と聞いてきたので，「さっき○○ちゃんが庭で遊んでいたウサギだよ」と言った途端，孫が泣き出してしまった。そして，「おばあちゃんなんか大嫌い」と大声で叫び，親がなだめたりEさんとの仲を取りもとうとしたりしてもうまくいかず，孫は怒ったまま帰ってしまい，その後は電話にも出てくれなくなったというのである。

　Eさんにしてみれば，手塩にかけて育てたウサギを料理して出すという，その地域の「最高のもてなしの習慣」に従っただけなのである。しかし，都会育ちの孫にとっては，ウサギは食べ物ではなく遊び相手だったのである。ここにも，ある地域の常識が，他の地域では非常識とみなされ，そこに摩擦がおきて人間関係を険悪にし，精神的にも不安定になってしまうという，広域化社会の課題が示されている。

b　情報化社会と文脈のズレ
　現代社会は，これまで述べてきた高速交通体系の整備による生活圏の拡大のほか，超情報化社会であるともいわれるほど，情報機器の普及や個人が受け取る情報量の爆発的な増大が起きている。こうした情報化社会の問題点については第1章でも述べてきたが，ここでは文脈の視点から再度情

報化社会の課題について検討していこう。

　情報ツールが少なかった時代には，居間に1台しかないテレビなど同じ情報ツールを使って，家族全員が同じ情報を手に入れていたため，集団内で情報の共有が可能であった。情報化社会では，携帯電話やパソコンなど個々人がそれぞれの情報ツールをもっているため，どの情報にアクセスするかという個人の志向性によって，個人がもつ情報の多様化が進むことになる。

　つまり，情報化社会とは，氾濫する情報に誰もがアクセス可能である反面，身近な集団内では情報の共有化がなされず，情報の分断化が起きることになるのである。ここに，アクセスしている情報の違いによって，個々人のもつ文脈が異なることになり，そこに意識のズレが生じてしまうのである。このような，集団内の文脈のズレが，家族内では特に親と子との文脈の差異となって現れることが多くなる。

　親が子どもに注意したとしても，「お父さんはそう言うけど，評論家の○○さんはまったく逆のことを言っているよ」などと，子どもの方が反論してくるかは別にしても，聞く耳をもたなくなる状況が出てくることになる。

　また，各種の情報機器を通して流れてくる情報は，それこそ玉石混交である。このため，超情報化社会にあっては，個々人が受け取った情報の真偽や価値を見極める能力をもたなければ，それらの情報に振り回されてしまうことになる。

　さらに，今日の情報化社会の特徴は，個人が情報の発信者になれるという点である。これまでは，マスコミなどから流されてくる情報を，受身的に個人は受け取っていただけであった。しかし，今日のデジタル技術は，個人の側が情報を発信することを可能にしている。

　たとえば，インターネット上の掲示板やブログ，個人のホームページ，電子メールなどを用いて，個人が簡単に情報を発信できるようになった。このため，「学校裏サイト」や「なりすましメール」によるいじめの拡大や，掲示板内の誹謗中傷を動機とした殺人や暴力事件の発生，他者のプロ

フィールの流出によるプライバシーの侵害などの新たな問題を生んでいる。この簡単に個人が情報を発信できることからくる問題の背景として，即時性と匿名性があげられる。

　即時性とは，リアルタイムで情報のやり取りができるということである。手紙であれば書き手が文書を作り，ポストに投函してから相手に届くのにも日数を要する。そして，手紙を受け取った人は，その文面を読んで，返事をやはり文章にしてポストに投函する。このやり取りを速達で行っても，少なくとも2～3日のタイムラグが生じる。しかし，電子メールであれば，いつでもどこでも受け取ることが可能となり，受け取ったらすぐに返事を返すことが可能である。

　電子メールは電話とは異なり，それを受け取ってすぐ返事をする必要はない場合も多い。しかし，電子メールをもらうと「早く返信しなければならない」という焦りを感じてしまうことを，電子メールを利用したことのある人なら経験しているだろう。また，こちらが先に情報発信した時に，返事がすぐに来ないと，疎外されたような無視されているような，なにか落ち着かない気分になることも経験するようである。このため，常に携帯電話をチェックしなければならない状態になり，携帯電話がないと強い不安に駆られてしまうなどの，携帯電話依存症といった新たな病理現象も起きてくる。

　即時性のある情報ツールを手にすると，このような心理状態に陥ることになり，電子メールだけではなく，インターネットの書き込みやブログなどにもその傾向が現れてしまう。このため，そこへの返信や書き込みが，じっくりと推敲されたものから，条件反射的なものとなりやすくなる。この条件反射的なやり取りは，日常の対面的な会話でも良く行われているものではある。対面の場合は話の内容だけではなく，その場の雰囲気などの「文脈」も含めてのやり取りとなるため，条件反射的なやり取りでも，その話の内容の裏にある意味合いを伝えることができるので，問題は少なくなる。文字だけのやり取りでは，この文脈が伝わらないことが多い。そのため，手紙の場合などは一つひとつの言葉を慎重に選んで書いていた。

条件反射的に電子ツールを用いて文字だけでやり取りをすると，この文脈のズレが生じやすくなり，さまざまな行き違いが起きることになる。このため，若者の間では，「♥」や「(^o^)」などの絵文字や記号を文章とともに送るなど，こちらの気持ちなど，文章だけでは伝えられない微妙なニュアンスを伝える努力はしているようであるが，やはりそれだけでは十分とはいえないのである。そこに，先に述べたような「いじめ」などの問題が発生してくる。
　この即時性が，もう一つの情報化社会の特質である匿名性と合わさると，さらにさまざまな問題が起きてくることになる。匿名性とは情報の発信者の素顔が直接的には相手に知られないので，無責任な意見や感情的な発言がしやすくなる。このため，「ブログ炎上」などと表現される特定のブログに対する攻撃や，社会的な事件に対する無責任な発言がインターネット上に多量に載せられる。そして，一度インターネット上に載せられた情報は，その後は発信者の手を離れてインターネット上を駆け巡ることになるのである。
　差出人不明の郵便物，番号非通知や無言の電話など，私たちは相手が誰であるか分からない時に，非常に不安になる。反対に，自分のことが相手に分からないと思うと，急に強くなったような気になり，何でもできそうな気持ちになってしまう自我肥大の状態になることがある。「旅の恥はかき捨て」などのことわざもあるように，誰も自分のことを知らない見知らぬ土地では，普段できない大胆な行動をとることができるのも，この匿名性の効果であろう。この自我肥大が，インターネット上の無責任な発言や，問題性のある書き込みをさらに助長していくことになるのである。
　しかし，この匿名性は100％保障されているわけではない。この匿名性を疑わずに，むやみに犯罪予告や援助交際などの書き込みをした人が，摘発されていることからも，このことは明らかである。また，本人が隠そうとすればするほど，他者はその存在を探ろうとするものである。そこに，憶測が生まれ，更なる問題が発生することになる。

コラム5

マスコミと育児不安

近年，親が子どもを折檻し，最悪の場合には子どもを殺してしまうという児童虐待事件が，頻繁にニュースになっています。また，反対に，子どもが親を殺したり事件を起こしたりするニュースも，たびたび耳にします。このようなニュースを見聞きしていると，子育てに自信を失ってしまう親がいても当然のように感じます。

しかし，児童虐待（身体的虐待・心理的虐待・性的虐待・ネグレクト）や子どもの犯罪，それに親殺しなどは，統計的には昭和の時代の方が今よりずっと多かったのです。ただ，そのころは隣町で起きた事件であってもすぐには伝わってきませんでした。今は，国内で起きた事件だけではなく，全世界のニュースが瞬時に伝わるようになり，それを伝えるマスコミが危機感を煽るような取り上げ方をするため，より子育てに不安をもつ方が増えたとも考えられます。

とはいっても，やはり親にとっては「いつの時代でも多くの子が問題を起こすのなら，自分の子が問題を起こしてもしょうがない」というわけにはいきません。やはり，自分の子どもには，「他人に迷惑をかけない人間になってもらいたい」というのが，多くの親の思いでしょう。

そこで大切なことは，子育てを家庭のなかで，特に母親だけでやろうとしないことです。問題を起こしてしまった家族や子どもたちのさまざまな相談を受けていると，周囲とのかかわりが薄い家庭や地域から孤立している家庭，母親だけが頑張っていて，父親が子育てに参加していない家庭が多く見られます。このようなケースでは，母親が私たちカウンセラーを含め，学校や地域の人たち，それに父親や親族の方々と良い関係になり，相互に助け合っていくことで問題が解決していくことが多くあります。

以前は，地域社会で子育てをしていくことは当たり前でしたが，地域のつながりが薄くなった現代社会では，新たなソーシャル・サポート・システムを作ることが大切です。

6章 家族支援と文脈

児童相談所やスクール・カウンセリングなど，相談者自身に金銭的な負担がかからない相談機関と，個人開業のような相談者に金銭的負担がかかる場所では，相談者に明らかな違いがみられる。そのため，相談機関ごとに，援助者や援助機関と相談者との間に文脈のズレが生じることがある。援助する側が，この文脈のズレを意識していなければ，効果的な援助が成り立たないことについて，ここでは検討していく。

1 相談者のモチベーション（来談の動機付け）

料金を払ってでも相談したいという相談者は，来談予約の段階から面接に対する動機付けが非常に高い。たとえその相談が，相談者自身の問題ではなく，子どものことなど他の人の問題であっても，その問題が解決するならば自分もできることは何でもやりたいという気持ちがある。

一方で，無料の相談機関を訪れる相談者では，動機付けが低いか，逆に相談に対して拒否的な場合がある。たとえば，非行少年が積極的に「俺，そろそろ不良から足を洗いたいんで，カウンセリングしてくれよ」などという場面には，まずお目にかかったことがない。そのほとんどが，その相談者に関わる親，教師，保健師，民生児童委員，親類などの周囲の人たちに勧められて（表6-1），あるいは警察などの強制的な力によって，相談場面に現れることが多いのである。

2 相談者と援助者の関係性

家族療法の一つである解決志向アプローチ（ソリューション・フォーカ

表6-1　母親が子育ての仕方やしつけについて相談する先

(人)

区　分	保未満	保以上	幼	計
配偶者 （パートナー）	2,107 (73.3)	3,504 (65.4)	4,428 (83.5)	10,039 (74.2)
親・きょうだい	2,121 (73.8)	3,658 (68.3)	3,701 (69.8)	9,480 (70.0)
隣近所の知り合い	158 (5.5)	504 (9.4)	1,225 (23.1)	1,887 (13.9)
友人・知人	1,772 (61.7)	3,676 (68.6)	3,743 (70.5)	9,191 (67.9)
保育園・幼稚園	1,460 (50.8)	2,195 (41.0)	1,129 (21.3)	4,784 (35.3)
子育て支援センター	21 (0.7)	42 (0.8)	33 (0.6)	96 (0.7)
保健所・保健センター	76 (2.6)	106 (2.0)	83 (1.6)	265 (2.0)
ベビーシッター	5 (0.2)	8 (0.1)	3 (0.1)	16 (0.1)
その他の人	87 (3.0)	254 (4.7)	100 (1.9)	441 (3.3)
相談先はいない	16 (0.6)	65 (1.2)	22 (0.4)	103 (0.8)

スド・アプローチ）では，相談者と援助者の関係性を，①カスタマー・タイプ，②コンプレナント・タイプ，③ビジター・タイプの3つに分けている。

　カスタマー・タイプは，相談者自身も積極的に援助に応じ，さらに自分自身でも「やれることは何でもやろう」という姿勢がある。高い料金を払ってでも相談を受けたいという方との関係は，相談当初から既にこのカスタマー・タイプであることが多い。

　また，表面的には面接を希望しながら相談者は愚痴だけに終始し，相談者自身が積極的に変化しようとする意欲に乏しい場合の援助関係をコンプ

レナント・タイプという。このコンプレナント・タイプは，どのような形態の相談であっても，最も多く見られる援助関係であると言われている。

　これらのタイプに対して，相談者自身に来談動機が乏しかったり，拒否的であったりする援助関係をビジター・タイプという。公的な無料の相談機関で扱うケースでは，このタイプが最も多いことになる。

3　援助関係と助言

　このように，援助者などと相談者との関係性に違いが見られるのに，援助する側がそれに気づかずに一般的な助言をしていたのでは，相手に変化を起こすことが難しくなる。

〈事例5〉
　開業している相談室に，「ことばの遅れ」を主訴として2歳半の子どもを連れて自ら来談されたご夫婦がいた。子どもの心理的，医学的判定からは特に身体的，器質的，心理的な問題は認められず，ご夫婦とお子さんの関わり方を観察してみると，明らかにご夫婦の「ことばがけ」が少なく，スキンシップも足りないことが分かった。そこで，「スキンシップをこのようにしながら，このようなことばがけを少し多くしていかれると，子どもさんのことばも伸びてきますよ」と，実際に子どもへの関わり方を示しながらお伝えした。援助者のこのような助言に，ご夫婦は「分かりました。やってみます」と答え，家に帰られてからもこちらが示した対応をとられた。2週間に1度の面接でも，子どものことばがどんどん伸びてきているのが分かり，計3回の面接で終了した。

　事例5と同じようなことばの遅れの相談は，児童相談所の発達精密健診でも，よくお目にかかる。市町村の発達健診で，ことばの遅れを保健師などから指摘され，自分としては腑に落ちないまま，児童相談所に行くように勧められた親も多い。このような親に，ことばがけを多くすれば改善する可能性が高いとの諸判定から，「スキンシップをこのようにしながら，このようなことばがけを少し多くしていかれると，子どもさんのことばも

伸びてきますよ」と，事例5とまったく同じ助言をしたことがある。ところがある母親は，「それは，私のことばがけが少ないという嫌みですか」と，怒り始めたことがある。また，別の母親からは「それでは，スキンシップを何パーセント増やせば良いのか教えてください」と，強く反論されたことがあった。

　この，開業している場面にいらした事例5のご夫婦と援助者の関係が，カスタマー・タイプであるとすれば，児童相談所の発達精密健診にいらした方々と援助者との関係が，ビジター・タイプということになるのである。同じ助言がまったく別の意味をもってしまうということも，相談者と援助する側の文脈のズレということになる。このような関係性に注意していないと，「助言したから良いはずだ」という，相談が援助者側の自己満足的な活動に終わってしまうことになる。

4　援助関係の調整と変化

　このような相談者と援助者側との関係性は，常に変わらないというものではない。適切な援助を行うためには，面接初期にビジター・タイプやコンプレナント・タイプであった関係を，いかにカスタマー・タイプへと変化させていくかが，援助者側の力量ということになる。また，反対に最初はカスタマー・タイプであった関係性も，援助者側の力量不足で，すぐに他の関係性に変わってしまうことにもなる。

　次に示す3事例は，ともにクライエント本人の相談への動機づけが低く，親や養護教諭に半ば強引に連れてこられた来談意欲の乏しかったケースである。初期の関係性がどのように変わったかを示している。

〈事例6〉
　S君は，傷害事件で逮捕された後，少年鑑別所に収容され，家庭裁判所の審判で保護観察処分となった。保護司の指導を受けているが，保護司に対してもなかなか話をしないことや，家族との関係も事件前に比べてギスギスした感じになっていることなどから，再び事件などを起こすのではないかと両

親が心配し、カウンセリングを希望してS君をつれて相談に訪れた。

インテイクワーカーによると、話をするのは両親だけで、本人はふて腐れているとか反発するという感じではないが、どうでもよいという感じで、ワーカーの質問に「あー」といった生返事をする程度であったという。事件後、高校は退学処分となったため、両親は来年度別の高校への入学なども考えているが、本人は将来のことも「分からない」としか答えないということであった。ワーカーから、「ぜんぜん話をしてくれない難しい子ですよ」という申し送りを受けて、筆者が心理面接を行うことになった。

筆者が自己紹介をしても、S君は小さく頷いただけで声は聞かれず、やはりいろいろ話すのは両親であった。ある程度、両親の話を聞いたところで、S君に対して「あまり乗り気ではないようだね。保護司さんのところでも話さなければいけないし、まあ、事件後も警察や鑑別所、それに裁判所でもいろいろ聞かれただろうから、もう、話すことはうんざりしているかもしれないね」とS君に問いかけてみた。この問いにも本人からは反応が無かったので、両親に対して「次回からは、ご両親だけで来ていただいて、これからのことなどいろいろお話することもできますよ」と伝えた。両親は顔を見合わせて、せっかく連れてきたのにというような表情を浮かべたが、S君はすぐにでも椅子から立ち上がろうとするように、すっと背筋を伸ばした。そこで、「話したくないのにいろいろ聞いてごめん。今日はもう帰ってもいいよ」と筆者が告げると、S君はさっと椅子から立ち上がった。

すかさず、「そうそう、僕はカウンセラーだから話も聞くけど、催眠も少しできるので、話をしに来るのではなくて、ゆったりしたくなったらいつでも連絡してよ」と付け加えた。すると、帰ろうとしていたS君が、筆者を見て「催眠?」と興味を示した。そこで、「そう、催眠」と返すと、「俺は、かからないよ」とS君が答えた。

以下に、イエス・セットなどのエリクソニアン的な手法（O'Hanlonら、1992）と、身体運動反応を利用した伝統的な手法を混ぜた対応の一部を示す。（Cl：クライエント、Th：筆者）

  Th　「そうだね、かかるかかからないか分からないけどね」
  Cl　（うなずく）
  Th　「やってみないと、かかるかかからないか分からないよね」
  Cl　（うなずく）

Th	「ちょっと，この椅子にもう一度座ってみてよ」	
Cl	「うん」と言って，また椅子に座る。	
Th	「催眠に，興味あるんだね」	
Cl	「なんか，不思議だから」	
Th	「やったことはあるの？」	
Cl	「ないけど，テレビとかで見たことがある」	
Th	「そうか，テレビとかの催眠は知っているんだね」	
Cl	「いつも，胡散(うさん)臭いと思ってみている」	
Th	「そうか，催眠のイメージって胡散臭いって感じなんだ」	
Cl	「自分がかかれば，信じてもいいけど」	
Th	「そうだね，自分がかかれば『なるほど』ってなるかもね。じゃあ，簡単なところからやってみようか」	
Cl	「うん」	

　この後，後倒暗示から入り，閉眼暗示，右腕の浮遊などの運動暗示を行った。解催眠後に感想を聞いたところ，「おもしろかった」と答え，「もっとテレビでやっているような，劇的なのをやりたい」というので，「じゃあ，次回そのことを話そうか。また，来る？」と聞くと，「来る」というので，次回の予約をとって初回の面接を終了した。

　簡単にその後の経過をまとめると，次の回からもS君も両親と来談し，両親はワーカーが面接し，筆者は本人と面接を継続することができた。援助的な関係性がつき，イメージ催眠を中心に行うようになったところで，本人が期待していたショー催眠と，治療的催眠との違いを説明したところ，本人も納得し，「こっちの催眠の方がゆったりする」とのコメントがみられた。その後，半年間面接を行い，別の高校を受験して合格した。

〈事例7〉

　Yさんは，中学2年の女子。夏休み中の部活内での友だちとのトラブルがきっかけで，中学1年生の2学期から不登校状態になって9カ月になる。この年に転勤してきた養護教諭が熱心な人で，家庭訪問を毎日のように続け，他の生徒が全員帰宅した夕方，Yさんをほとんど無理やりという感じで保健室まで連れて来て，スクール・カウンセラーでもあった筆者との面接を設定

した。筆者に保健室で待機していてほしいと養護教諭が要望された時は，無理やり連れてくるということは聞いていなかったので，私もやや面食らってしまったところがあった。

　Yさんは，いやいや連れてこられたので半泣きの状態であり，自己紹介した筆者の方を見ることもなく，養護教諭に対して「嫌だ，何にも話すことはない」「話したって，何にもならない」と，駄々をこねていた。養護教諭が，「この先生はカウンセラーだから，ちゃんとお話すれば，絶対あなたのためになるのよ」などと説得したり，なだめたりしたが，ほとんど効果的ではなかったので，こちらから「今日は，相談はやめましょうよ」と提案した。そして，せっかくの時間なので最近の中学生について，養護教諭と情報交換したいと申し出て，養護教諭の了解を得た。

　本人は養護教諭の車でしか帰宅できないので，その間そばで待っていてもらうことにした。養護教諭には，Yさんが聞いているためにその学校の生徒のことを話すことはできないので，前任校の生徒や筆者が別の場所で面接している子どものことなどを，さらにアレンジして話すようにメモを渡した。

　養護教諭と話し合うなかで，養護教諭から「先生は催眠も使われるのでしょう。催眠で前世とか本当に分かるのですか？」という質問がなされた。それを，筆者は肯定も否定もせずに「先生も前世に興味があるのですか？」と反対に返すと，「保健室に遊びに来る中学生の間で，最近，前世の話がよく出てきて，ある生徒が『催眠で前世を見ることができる』と言っていた」という。そこで，他校の中学生のケースとして，催眠療法を行ったところ前世にまでは行かなかったが，自分が小さかった時の過去に戻って遊んできた人がいることなどを，Yさんが聞いていることを意識しながらいくつか逸話的に話した。

　また話が前世のことになった時，養護教諭がそばにいたYさんに対して，「あなたも，前世を知りたいって言っていたよね」と話を向けた。Yさんは，すでに落着いてきていて養護教諭のその問いに，「まあね」と答えただけであったが，その言い方は拒否的ではなかった。

　筆者は，Yさんの方に視線を向けたり，目が会うと少し微笑んだり，うなずいてみたりはしたが，直接声をかけることはしなかった。会話はすべて養護教諭に向けて話し，「前世が催眠で見られるかどうかは，僕はまだやったことがないので分からないけど，先ほど話したように，催眠イメージのなかで過去に行ったり未来に行ったりするのを手伝うことはありますよ」と付け

加えた。これに対して，養護教諭が「私も未来を見てみたい！」と少しオーバーに言ったのを受けて，「先生の未来って，おばあちゃんだよ！」とYさんが言ったため，みんなで笑ってしまった。この笑いで雰囲気が変わり，積極的ではないが，Yさんも養護教諭と筆者との会話に参加している感じができた。その後，少し未来の話や過去のこと，それに前世のことなど話して，その日は分かれた。

　次のスクール・カウンセラーの出校日に中学校に行くと，Yさんが夕方保健室に来るというので，再び待機することにした。今回も養護教諭が強引に連れて来るのかと心配していたが，夕方登校してきたYさんは，筆者に対して「こんばんわ」と明るく挨拶し，養護教諭から，「今日も未来や過去，前世の話をしたいって，本人が会うのを楽しみにしていた」との報告があった。

　3人で，それぞれの過去や未来，前世の話をしていたが，Yさんから「催眠で，もっとはっきり未来を見てみたい」との要望が出されたので，催眠に誘導することにした。そこで，Yさんに催眠のイメージを聞くと「魔法」「不思議な力」「危なそう」という暗黙の催眠観をもっていることが示されたので，催眠療法についての説明を行った。Yさんは「ふーん」と聞いていたが，納得はしていなかったようで，「早く未来とかを見たい」とせかしてくるので，とりあえずイメージ催眠に誘導した。

　催眠下で，将来のイメージを膨らませたところ，Yさんはアイドルになって活躍しているというイメージを報告してきたので，暗示によりそのイメージをさらに明確化していった。

　解催眠後に感想を聞くと，「すごく楽しかった」と答え，そばにいる養護教諭に催眠下で浮かんだ未来のイメージを語り始めた。そのイメージは，Yさんがアイドルとしてステージに立っており，ファンから熱烈な支持を受けている。そして，中学の時トラブルを起こした友だちも，有名になった彼女のところに来て，中学の時のことを謝り，「これからも友だちでいてほしい」と話していたということであった。

　養護教諭と筆者で，Yさんを「可愛いから，本当にアイドルになれるかもしれないね」とコンプリメントすると，照れてはいたが，まんざらでもなさそうな表情であった。

　その後の経過であるが，3回目はそれまでのような夕方の面接であったが，4回目の時にはすでに保健室登校を始めていたので，日中に会うことができた。いずれも，イメージ催眠で未来を構成したが，3回目，4回目とアイド

ルになることは変わらないが，より現実的になっており，高校生活などのイメージも語られるようになった。

　筆者が「中学卒業後すぐにアイドルになるのと，高校を卒業してからアイドルになるのと，どちらが本当の未来かな？」と本人に聞いたところ，「催眠のなかでのイメージだから，どっちも本当かもしれないし，違うかもしれないよ」と答えている。

　4回目の後から教室に入れるようになり，面接はこの回で終了した。筆者の出校日に学校の廊下などで出会った時に，Yさんに「また相談に来てよ」と筆者から声をかけたが，「私，相談どころじゃないの。アイドルになるために，いろいろやらなきゃならないことがあって忙しいから」と断られてしまった。

〈事例8〉

　母親の話によると，H君は中学までは特に問題はなく明るく活発な子どもだったが，高校に入学してからすぐに髪を染め，異装して登校するため，上級生からも目をつけられ，先生からも注意を受けることが多くなった。その反面，毎朝登校時になると腹痛を訴え，家のすぐ近くの内科に行き，点滴を受けてから登校するような状態であった。母親は，H君から「点滴をしていることを学校には言うな」と強く言われているため，本人の状態を学校には話しておらず，学校は遅刻常習者の問題生徒との見方をしていた。

　このため，1年生の夏休み前の保護者面談で，担任教諭から「このままでは，授業の出席日数が足りず留年の危険があるので，夏休み中にきちんと家庭で指導してほしい」と伝えられた。そこで，母親が点滴を受けている内科の先生に相談したところ，「本人の状態は，身体の問題ではなく心の問題だと思うので，カウンセリングを受けた方が良い」と助言されて，母親のみ来談され，筆者が面接することになった。

　母親は，H君にも来談するように伝えたが，本人は「カウンセリングなんて，弱い奴が行くところだ」と拒否したという。そのため，母親から上述のような本人の状況を伺い，今後の方針についていくつか母親に提案した。それは，①今後も母親のみが来談して，H君とどのように接していけばよいかを一緒に考えていくこと，②家族の協力をもらい，まずはH君以外の家族成員全員が来談してみること，③父親に強くH君を説得してもらい，H君の来談

につなげてみることであった。

　母親は，父親と相談してみるということで帰られたが，2回目の面接にはH君以外の家族全員が来談された。両親と，兄（高校3年），父方祖母の4名であった。父親は，男の子だから少々やんちゃな方が良いと考えており，さほど問題意識はもっておられなかった。祖母は，毎日点滴している孫の身体を非常に心配しており，母親は，「高校を退学させられるのではないか心配だ」と話していた。兄は，「弟のことを気づかってはいるが，弟の問題なのになんで自分が来なければならないのか」と，不思議がっている様子であった。

　それぞれの話を聞いた後で，兄に対して弟のために来談していただいたことをねぎらい，せっかく来てくれたので，何か兄自身のために筆者にできることはないか聞いてみた。すると，「来春，大学受験なので勉強が良くできるようになるような方法はないか？」との相談が兄からあった。そこで，リラックスする心理学的な方法として，自律訓練法や催眠療法を提案した。兄は，催眠療法に非常に興味を示したので，催眠に対するイメージを聞いたところ，「魔法」「魔力」と暗黙の催眠観が語られた。

　そこで，催眠療法について説明し，魔力で急に勉強ができるようになったり，天才になったりするわけではないことを伝えた。兄はその説明に対して，「そうかもしれないけど，テレビで見るのはすごいから，やってみたら頭が良くなるかもしれない」と答えて，「まずは，やってみたい」との強い希望が出された。そこで，筆者は「希望に応えられないかもしれないよ」と断ってから，催眠に誘導し十分なリラックス感を味わってもらった。

　解催眠後に兄に感想を聞いたところ，「頭が良くなったかは分からないが，すごくゆったりして，頭がすっきりしている。それに，なんか自信が沸いてきた」と語っている。この兄の発言に，母親が「弟も催眠をやってもらって，自信がつけばいいのに」と話すのを受けて，筆者から兄に，「弟に，今日面接に行って催眠やったら，なんか自信が出てきてよかった」と話してもらうようにお願いした。

　3回目の面接時に，H君が母親と兄と一緒に来談した。H君が来談したことをねぎらいながら，面接に来てみようと思った理由を聞くと，「兄さんが，催眠やってよかったと言っていたけど，うそだと思ったから」と話した。H君に催眠のイメージを聞くと，「まやかし」「インチキ」「うそ臭い」といった暗黙の催眠観が語られた。そこで，H君には見ていてもらうことにして，兄に一連の催眠誘導を行った。

兄の解催眠後，見学していたH君に感想を聞いたところ，「やっぱりうそ臭いよ」と答えた。それに対して，兄が「一回やってみるとわかるよ」とH君に勧めたところ，H君も「やってみるか」と乗ってきたので，催眠に誘導した。H君には，兄のリラクゼーション暗示だけではなく，腕の浮遊や閉眼暗示を用い，トランス状態を身体感覚として体験してもらった。
　解催眠後，兄が「目が開かなかったり，手が上がったりするのは，わざとやったんだろう？」とH君に聞いたところ，「違うよ，本当に目が開かなかったし，手が勝手に上がった」と，少し興奮気味に話し，少しの間H君と兄は催眠談義でもり上がった。母親が，「次回は自信をつけてもらうのもやってもらったら？」とH君に言うと，「おもしろそうだから，やってみたい」と答え，次回も来談することが決まった。
　その後の経過は，4回目と5回目は兄も共に来談したが，6回目からはH君のみで来談するようになった。7回目からは点滴がまったく必要なくなり，面接では催眠療法だけではなく，高校や今後のことなども話し合うことができるようになった。結局，それまでの高校は中退して定時制高校に進路変更し，卒業後は地方公務員として働いている。

5　援助関係の変化について

　事例6のS君は，両親に促されて面接場面にまでは来たが，自ら悩みを話したり相談したりしてみようという姿勢は，ほとんど認められなかった。Berg（1997）のソリューション・フォーカスド・アプローチによるクライエント－セラピスト関係でみると，ビジター・タイプである。このため，対応としては治療的話はせず，まずは来談したことをねぎらうことが必要であった。しかし，何もせずに帰してしまうことも難しい。それは，たしかにこのケースの第一のクライエントはS君であろうが，両親の存在も無視することはできないからである。
　セラピストは，常にクライエントのニーズを把握し，そのニーズに応じることを目的の一つとしているが，実際の心理臨床の場面では，複数のクライエントが存在する。そして，そのクライエントのニーズはそれぞれ異なっていることの方が普通である。むしろ，それぞれのクライエントのニー

ズが，まったく正反対の場合も多い。その異なるニーズを如何にすり合わせていくか，あるいは調整していくかということも，セラピストに求められている。

　この事例の場合も，筆者が「次回からは，ご両親だけで来ていただいて，これからのことなどいろいろお話をすることもできますよ」と伝えた時に，両親は顔を見合わせて，せっかく連れてきたのにというような表情を浮かべている。一方，この筆者の提案に対してＳ君は，すぐ席を立とうとして，「話したくない」「帰りたい」というニーズを示している。

　そこで，筆者はＳ君のニーズの「話したくない」方に焦点をあて，話さなくてもいい代わりとして「催眠」を提案している。この提案にＳ君が乗ってくるかどうかは分からないが，乗ってくればそれに付き合えばよいし，乗ってこなければそのまま帰ってもらい，両親にアプローチするという別の対応を考えることになったと思われる。

　ただし，Ｓ君が乗ってくるだろうという確証が，まったくなかったわけではない。このケースの場合，「催眠」の提案の前に「保護司さんのところでも話さなければいけないし，まあ，事件後も警察や鑑別所，それに裁判所でもいろいろ聞かれただろうから，もう，話すことはうんざりしているかもしれないね」とか，「話したくないのにいろいろ聞いてごめん」という〈ちりばめ〉(O'Hanlonら，1992) の技法を用いている。つまり，本人の「話したくない」というニーズに沿うことによって，話さなくても良いという関係を，筆者との間でもてるような文脈作りを心がけている。たぶん，この文脈が本人と共有されていれば，必ず乗ってくるだろうとの予測がたつ。

　次に，本人が催眠に対して乗ってきたところから，本人とのやり取りで記述したようなイエス・セットを作っている。これによって，その後の催眠誘導もスムーズに行われたと考えられる。また，この時に本人の持ち込んだ「暗黙の催眠観」，Ｓ君の場合は「うさん臭い」「信じられない」を直接的に修正せずにそのまま利用することで，イエス・セットを崩さないようにした。このような関わりをセラピストが行うことで，来談当初はビジ

ター・タイプであったクライエント−セラピスト関係が，少なくともコンプレナント・タイプに近づいたと考えられる。

　また，ここで気をつけたことは，クライエントの「暗黙の催眠観」を修正はしないが，肯定もしない態度である。そして，そのセラピスト側の態度によって，催眠を経験した後の，クライエントの暗黙の催眠観が変化していることに気づく。この事例の場合には，「うさん臭い」「信じられない」から「テレビでやっているような，劇的なものをやりたい」と，催眠に対して，否定から肯定に態度が変化している。ここでも，セラピストは，そのクライエントの催眠評価について肯定も否定もせず対応し，その後の面接過程で本人の催眠経験に合わせたタイミングで催眠療法の説明を入れたことで，クライエントにもすんなりとその説明を受け入れられたと考えられる。

　事例7も，Yさんの相談意欲は非常に低く，養護教諭によって強引につれてこられたケースである。面接場面に現れたクライエントは半泣きの状態であり，まさにビジター・タイプの関係である。したがって，事例6と同様に何も治療的関わりをクライエント自身に対しては行わない態度が，セラピストには求められた。そこで，視線を向けたり，微笑んだり，うなずくといった，クライエントへのセラピスト側の関心は非言語的に伝えていくが，言語的には徹底的にクライエントには介入しない態度を表面的にセラピストがとった。

　しかし，ここでもセラピストに，クライエントのニーズと養護教諭のニーズの調整が求められたため，養護教諭に対して他の中学生の情報交換を行うことで，そのニーズを満たすように努めている。また，この他の中学生のケースをクライエントの前で語ることは〈逸話〉（O'Hanlonら，1992）となり，その後のクライエントへの関わりの伏線として機能したと考えられる。

　特に，「前世」の話は一般的な催眠療法では利用されないが，セラピストがそれを肯定も否定もしない態度をとることによって，養護教諭から「最近の中学生が……」と話され，さらにクライエントに対して「あなた

も，前世を知りたいって言っていたよね」との投げかけが行われている。このことによって，クライエントに自分が他の中学生と異なっているのではなく，自分も同じなのだという感覚をもたせることになり，不安感が軽減されたと思われる。「まあね」とさりげなくクライエントは答えているが，面接室に入ってきた時とは明らかに表情が異なり，その後の笑いにつながる余裕も見せている。

　2回目の面接では明らかに1回目とは異なり，クライエントとの関係がビジター・タイプを超えている。そこで，催眠を希望したクライエントに催眠療法の説明を行ったが，拒否されなかったものの納得もされなかったため，それ以上の説明を行わず，クライエントのもつ暗黙の催眠観のままに対応することにした。

　このような対応が，クライエント－セラピスト関係にもさらによい影響を起こし，催眠への誘導やイメージの展開にもプラスに働いたと考えられる。その後，特にセラピスト側から催眠療法についてのクライエントの暗黙の催眠観を修正することは行っていないが，催眠療法を経験するなかで，「催眠の中でのイメージだから，どっちも本当かもしれないし，違うかもしれないよ」と，クライエント自身が催眠療法の意味を自分なりに捉え直していることが認められた。

　事例8は，初回から2回目の面接までクライエント本人は来談せず，面接への動機付けも意欲もクライエントにはまったくないケースであった。このようなケースの場合，システム論による家族療法の立場から面接場面に来た人に関わり，そこに小さな変化を起こすことで家族システムの変容をはかり，結果的にクライエントの変化にもつなげるという対応も可能であろう（Berg, 1994）。そこで，最初に来談した母親に対して，①今後も母親のみが来談して，本人とどのように接していけばよいかを一緒に考えていくこと，②家族の協力をもらい，まずは本人以外の家族成員全員が来談してみること，③父親に強く本人を説得してもらい，本人の来談につなげてみること，という3点を提示し，どれを選択するかは任せることにした。これは，この母親とセラピストとの関係がBerg（1997）のカスタマー・

タイプまでは行かないが，十分にコンプレナント・タイプのレベルにあると判断したためである。

このケースでは，初回は母親だけが来談し，問題とされたクライエントは来談していないので，初回面接場面ではビジター・タイプとコンプレナント・タイプといった異なる関係性をセラピストが経験することはなかった。しかし，2回目のクライエント以外の家族全員が来談した場面では，ビジター・タイプの父親や兄と，コンプレナント・タイプの母親と祖母という関係性のレベルが異なるシステムを，セラピストは扱うことになった。そこで，弟の問題ではビジター・タイプであった兄を，兄の問題を考えることでカスタマー・タイプ化することが可能となり，弟の面接に対しても協力者となってもらえたと考えられる。

このように，クライエント－セラピスト関係は，時間とともに変化すること，問題への焦点の当て方によっても変化することを，セラピストは常に押さえておくことが必要だと考えられる。そして，それぞれの成員とセラピストとの関係性のタイプが異なっているシステムを扱う場合，そのなかの少なくとも1人を十分にカスタマー・タイプ化しておくことが，効果的援助のためには重要なのだろう。

さて，このようにこのケースでは兄をカスタマー・タイプ化することができたが，そこには，兄が面接場面に持ち込んできた催眠に対する彼なりの「暗黙の催眠観」を無視しない姿勢を，セラピストがとり続けたことが影響していると思われる。受験生である兄は，催眠に対して「魔力」「魔術」という特殊な力を期待しており，それが彼の「暗黙の催眠観」となっていた。そこで，セラピストは「希望には応えられないかもしれない」と，兄の過大な期待を膨らませないように配慮しながらも，強く否定や修正することなく対応することにした。そして，カスタマー・タイプ化した兄の働きかけによって，クライエントとされた弟が面接場面に登場することになったと考えられる。

クライエントが面接場面に登場してからも，クライエントである弟にとってこの兄の存在は，被催眠者のモデルの役割を担ったり，催眠に対する感

想を話し合う相手になったり，さらにクライエントの「暗黙の催眠観」を修正する役割を果たすなど，重要な位置を占め続ける。そして，そのような兄と弟の間にカスタマー・タイプの関係が形成されていたとも考えられた。このように，システムにおけるクライエント－セラピスト関係は，システムを構成する成員の誰かと強くカスタマー・タイプの関係を構成しておくだけで，他の成員との関係をすべてカスタマー・タイプ化しなくても変化が起きることが示唆された。

　もちろん，このケースの場合は，クライエントである弟本人の「暗黙の催眠観」をセラピストが活用することも，その後の効果的な援助につながったと考えられる。

6　社会変化と自己決定能力

　生活圏が拡大し情報があふれている現代社会において，子どもたちだけではなく大人も，どのような能力を備えておくことが必要なのだろうか。これを，情報処理能力を基盤とした自己決定の視点から考えていく。

a　情報処理能力の基礎

　情報処理能力というと，コンピュータ教育がまず頭に浮かぶのではないだろうか。ある高等学校で校長先生とお会いした時，「わが校は情報処理教育に力を入れており，生徒一人ひとりが使えるだけのコンピュータを導入しています。卒業までに全員が，文書の作成，表集計，電子メール，インターネットの利用ができるようにカリキュラムを組んでいます」と話された。

　たしかに，コンピュータが使えることは情報教育の一環であり，情報処理能力の一部であることは否定できない。しかし，ここで考えていく情報処理能力とは，情報ツールの使い方ではない。それらのツールを使って集めた情報や，否応なしに飛び込んでくる情報に，日常的にどのように対応したらよいかという問題なのである。

　古い話で恐縮であるが，江戸時代など親の仕事や家業を継ぐことが，生

まれた時から決められているような社会であれば，職業を自分で決めるという選択の余地は個人にはなく，なんとも不自由な感じを受ける。それに比べて，現代では本人の努力や能力，それに意欲によって，親の職業には関係なく個人が希望する仕事に就くことが認められている。ただし，その仕事につけるかつけないかは，就職試験や景気などの別の要因に左右されることはあるが，初めから制限されているというわけではない。このように考えると，現代は職業選択に関して自由だと思われる。しかし，この自由の裏には，多くの人にとって一つの職業を選択してしまうと，他の職業を選択することができなくなるという，不自由さが隠されていることを知っておかなければならないのである。

　医師になろうと医学部に入学すれば，教師になりたいという夢はあきらめなければならないし，板前になるための修行を始めれば，俳優になる希望は一度捨てなければならない。しかし，青年期から引きこもりをしている人たちと面接していると，捨てられない不安を強くもっていたり，反対にいつまでもさまざまな可能性にしがみついていたりするケースが多く見られる。

　30歳になる引きこもりの方は，「自分の能力からしたらプロ野球でも通じると思うけど，野球選手になってしまうと，会社を経営するという希望を叶えるのが遅れてしまうし…」と，真顔で話されている。このような，状態は引きこもりの方だけではなく，いくつかのアルバイトをかけもちしているフリーターの若者にも見られる。フリーター歴10数年で35歳になるフリーターのAさんは，「やりたいことがたくさんあって，一つには決められない。就職する奴らの気がしれない。奴らは夢が無いのか，早めにあきらめているんだろう。俺はあきらめないから。自分にあった仕事を見つけるまで，誰にも縛られずに生活するんだ」と話しているが，30歳を過ぎたころからアルバイトの採用がめっきり減っているとも話している。

　選択肢がたくさんあるということは，その選択肢のすべてが叶うということを意味しない。そこから取捨選択するということであり，その中の一つを選ぶと，他を捨てなければならないという場合もあるのだ。このこと

に気がつかないと，多くの選択肢の前で立ち止まり動けなくなってしまったり，少しだけかじっては他へ移ったりするため，何も身につかないまま年だけを重ねてしまうことになる。

　この選択肢の多さとそこから何を選ぶかという過程が，実は情報処理能力なのである。つまり，多くの情報のなかから何を選び，何を捨てるかを決め，その選んだ情報から自分の行動を決定していく過程である。

　食事をするために，食堂に入ったところを考えてみてほしい。メニューを見ると「カレー：800円，カツ丼：700円，そば：500円，焼肉定食：1200円」の4つの種類しかなかったとする。この時，「どうしても牛丼が食べたい」と駄々をこねる人はいないだろう。時間があれば，「食べたいものがメニューにないから」と店を替えることはあるかもしれないが，多くの人はこの4つのメニューの中から選ぶはずである。その時，昨日の夕飯がカレーで，今朝もその残りを温め直して食べてきたとすると，カレーが何よりも好きな人なら別だが，普通はまたここで「カレー」を頼むことはないだろうから，カレーは選択肢からはずされる。そこで，はっとして「お金を持っていたかな」と財布を開けてみたら，1000円札が1枚だけであったとする。すると，1200円の焼肉定食も選択肢から除かれ，「じゃあ，カツ丼」といった具合に決めていくだろう。こんなところにも，情報処理がなされている。

　メニューには何があるのか，使える金額はいくらか，今朝何を食べたのか，自分の好みは何かなどの，さまざまな情報を瞬時に判断して結論を出していくのである。この時，わざわざコンピュータを使って決定している人には出会ったことがない。この程度のことなら，誰でもが普段から行っていると思われるだろう。では，次のような状況ならどうであろうか。

　友だちと旅行に行き，「この店，パスタとカレー，それにラーメンが絶品だと雑誌に載っていたんだよ」などと言われながら旅先の店に入ったが，使えるお金はどれか一品分だけ。次またいつ来られるか分からないといった状況である。パスタもカレーもラーメンも食べたい。でも，どれか一つに決めなければならない。一つの解決策として，一品はあきらめて友だち

と別々のものを頼み，半分ずつ食べるという方法もあるが，友だちがそれに応じなかったとしたら……。さあ，こんな時どうするだろうか。たぶん，悩みながらも「じゃ，カレーにする」と，エイッと決めるのではないだろうか。すると友だちがラーメンを選んだりする。そのラーメンの方が先に出てきたりすると，こちらの心の中では「あー，ラーメンにしておけばよかった」という，後悔の気持ちが起きたりするものであるが，多くの人は自分のところに運ばれてきたカレーを，それこそ責任をもって食べるものである。

　ここで大切なことは，選ぶところまでではなく，選んだ結果に対して責任をもつというところにある。単に自分の希望を述べるだけでは，情報処理の結果による決定ではなく，ただのわがままの表明である。子どもたちに「今度の休みにどこかに連れて行ってあげるけど，どこに行きたい？」と聞いてみると，小学校2年生くらいまでの子ならば，「○○遊園地」とか，「××博物館」などと自分の意見を言ったりする。それが，少し大きくなると「どこでもいいよ」とか，「お父さん決めてよ」などに変わってくる。これは，もし安易に「○○博物館」などと自分が言い出して出かけたところ，あまりにもそこがおもしろくなかったら，言い出した自分が責任をとらなければならないことが分かってくるからである。低学年のうちは，自分が言い出したことであってもその責任などお構いなしであるため，簡単にわがままな主張ができるのである。

　筆者も，児童相談所の一時保護所や児童養護施設で子どもに関わっていた時に，このような場面に何度か出くわしたが，やはり同じように小学校3年生以上になると，自分では決定せずに職員に決めてもらおうとしていた。そして，こちらが決めて連れて行くと，そこがおもしろくない時など，「だから，ここじゃなくて，あそこに行けばよかった」などと，平気で文句を言うのである。つまり，人が決めたことに従っていれば，その結果としてマイナス面が出てきても自分で責任をとらなくても済むことになるのである。

　しかし，子どものうちならともかく，情報化社会といわれる実社会に出

た時には，責任回避ばかりしているわけにはいかなくなるし，それでは済まされなくなる。このため，子どもの時から，この情報処理能力を基礎とした自己決定能力を，十分に育成していくことが今日的な課題になると考えられる。

b　自己決定能力の育成

情報処理能力とは，さまざまな情報を検討しながら，責任のとれる行動を決定することであり，自己決定の一部なのだということを述べてきた。ここでは，この自己決定についてさらに検討し，家庭内でこの能力を育成していくために必要な対応について考えていくことにする。

情報化社会ではさまざまな情報が流されているため，一度にたくさんの情報を処理しなければならない錯覚に陥ることがある。しかし，実際には図6-1に示すように，常に2つの選択肢からどちらかを選ぶことの繰り返しなのである。

この2つの選択肢のなかから，どのような選択をしていくかが自己決定ということになるが，これまでの日本の教育や家庭でのしつけでは，自己決定について教える機会がなかったのが実情であろう。たとえば，図6-1を例にしながら考えてみる。今，◎のところに自分がいるとする。その先にはAとBという選択肢があることになる。これまでの教育では，先生や親が「Aが正しい」と言えば，Aを選択する子が良い子で，Bを選ぶ子は間違っているとか，問題児であるとされてきた。つまり，Aがプラスで，

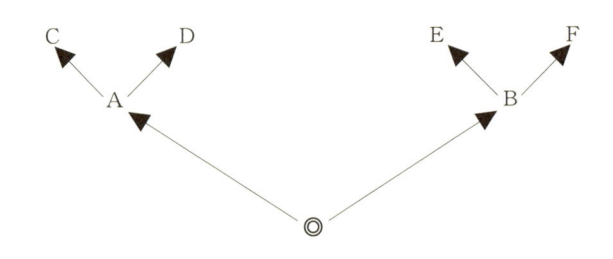

図6-1　自己決定の流れ

Bはマイナスという考え方である。

　もちろん，人生のなかで教えられることのなかには，大人の言うことをそのまま受け入れていくことが大切であることもたくさんある。「2×3＝？」という質問に，「私は，自己決定して8を選びます」というわけにはいかない。また，これまでの日本の固定的農耕文化では，「あそこの山の雪が消えたら，田植えの準備をしろ」というその地域の教えを忠実に守ることが，それこそ生きていく知恵であった。また，明治以来の富国強兵政策や第二次大戦後の復興時代にも，西洋文化をそのまま取り入れていくことが必要であった。

　ところが，今日のような流動化社会や情報化社会になると，大人世代の言うことを鵜呑みにしていたり，西洋の文化をそのまま無批判に取り入れていたりするだけでは，対応できないことになるし，時には間違った決定をしてしまうことにもなりかねない。テレビの情報番組で「納豆がダイエットに効果的」と流されると，スーパーマーケットから納豆が消えてしまうほど売れるような事態が生じ，納豆工場が借金までして工場を増設する。しかし，その情報がガセネタであることが判明して，多額の借金を抱え込むことになったというような結果を招くことなども，このあたりの状況の現れであろう。大人やテレビの言うことは何でも正しいという思い込みや，それらの言う通りにしていれば間違いないとの判断は，今や通じなくなっているのである。

　では，どのように自己決定していけばよいのであろうか？　図6-2を見ると，AにもBにもプラスとマイナスがあることが示されている。

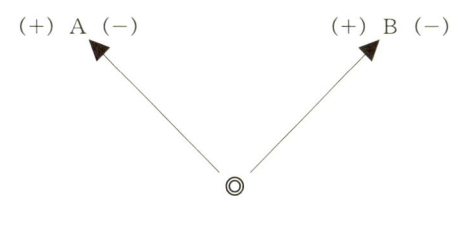

(＋) A (−)　　　(＋) B (−)

図6-2　自己決定

この問題の分かりやすい例として，図6-2の◎のところに，高校2年生の太郎君と花子さんが，たまたま花子さんの部屋で2人だけになったところを考えてみよう。太郎君も花子さんも，お互いに少なからず好意を抱いているとしよう。花子さんの部屋で，花子さんのベッドもある。さらに花子さんから，「今日，お父さんもお母さんも帰りが遅いし，弟はおばあさんの家に泊まりに行っているから，家には誰もいないの」などと言われたら，太郎君の選択できる性的行動としては，Aの「行為におよぶ」か，Bの「我慢する」かの2つの選択肢となろう。これまでの性教育では，「こういう状況でも，高校生がそういう行為をしてはいけません」と教えてきている。教えてきているのだから，そういう行為に走ることは無いというのは，完全に大人の楽観的な幻想であることは，多くの調査結果が示している通りである。

　しかし，大人の立場としては，Aがマイナスで B はプラスという考え方になるが，この場合，親が透明人間にでもなって，太郎の耳もとで「我慢しなさい」とか「やっておしまい」などと，彼の行動を決定してあげることはできないのである。あくまでも，その行為を決定するのは，太郎君と花子さんなのである。そこで，多くの高校生にAを選択した時のプラス面とマイナス面，同じようにBを選択した時のプラス面とマイナス面を聞いてみると，なかなかおもしろい答えが返ってくる。

　特に男子高校生は，Aの行為に及んだ時のプラス面としては，「気持ちよかった」「女をゲットした」「俺も大人になった」「友だちに威張れる」などの答えが返ってくる。Aのマイナス面としては，「うまくできなかったらどうしよう」「妊娠させちゃうかもしれない」「女の子の心や身体を傷つけるかもしれない」「性病が怖い」「そのことがばれて，人生を変えなければならなくなるかも」などが出てくる。

　では，Bのプラス面はというと，Aのマイナス面がひっくり返って示される。つまり，「自信を失わなくてよかった」「妊娠させなくてよかった」「女の子を傷つけなくてよかった」「性病などの心配をしなくてよい」「人生を変えなくてよかった」などである。Bのマイナス面を聞くと，大人か

ら見ればマイナス面などないように思われるが，彼らは「せっかくのチャンスだったのにと，すごく後悔する」と答えたりするのである。

　さて，このようにAとBの選択肢それぞれにプラス面とマイナス面がある状況で，どのように決定するかを聞くと，多くの男子高校生はそれぞれのプラス面を比較して決めると答えるのである。しかし，自己決定とは決定後の行為に対しての責任まで含めたものであるとすれば，本来の決め方はそれぞれの選択肢のマイナス面とマイナス面とを比べて，自分ならどちらのマイナス面なら責任がとれるか，あるいは対処できるかと考えることなのである。

　このような，自己決定の訓練を受けていない子どもたちは，安易にプラス面を比較し，楽しい方や面白い方を選んでしまうようである。マイナス面の責任まで考えられるようになれば，多くの高校生がAの行為に及んだ時のマイナス面の責任はとれないということに気づくことになる。Bの我慢した時のマイナス面は，悔しがりながらも自宅に戻り，自分の部屋にでもこもって自分自身で処理すれば良いのである。

　したがって，思春期の男の子をもつ母親が，子どもの部屋を掃除している時に，こっそりと隠してある2～3冊程度の思わしくない雑誌や写真集，それにビデオやDVDなどを見つけたとしても，驚いたり怒ったりする必要はないのである。「うちの息子も，自己決定しているのだな」と，そっと戻しておいてあげたいものである。ただし，これは2～3冊程度と少しの場合であり，息子の部屋がそれらで埋もれている場合は，しかるべきところに早めに相談した方が良い。また，それらを見つけた時にではなく，別の機会に母親として「息子が女性を，性行為の対象としてしか見ていないのなら嫌なことだ」ということは伝えなければならない。

　このような思春期の子どもの成長について，中学や高等学校のPTA講演会などで話をする機会を，筆者もよくもつことがある。ある中学校でこの内容を話して数日してから，講演に参加したという母親から電話があり，「中学3年になる息子の部屋を掃除していたら，先生が話されていたようにエッチな本が3冊も出てきました」と嬉しそうに報告してきた。そこで，

6章　家族支援と文脈　　105

「よかったですね。どう対処されましたか？」と尋ねると，「あまりうれしかったので，その雑誌に『あなたも自己決定していたのね。お母さんはとてもうれしいです。読み終えたら，お父さんにもみせてあげてね』と書いた手紙を挟んで戻しておきました」とのこと。これは，行き過ぎである。

性の問題は，思春期の子どもの発達課題であり，さらに現代の情報化社会のなかでは，子どもたちが大量の性に関する情報に翻弄されやすいものであるため，まず例としてあげた。また，最近議論されている，学校教育における性教育が，生殖を中心とした「生殖器教育」になっていることに対しても疑問を感じるからである。生殖に関する知識も，性教育の情報の一つであり，本来の性教育は，個々人の人生における自己決定の問題である。性教育とは本来，トータルとしての「人間性教育」でなければならないと考えるからである。つまり，ここで述べてきた性に関する自己決定の仕方が，単に性行為の問題だけに留まるものではなく，進路選択や職業選択，さらには配偶者の選択などの人生における大きな自己決定につながることを理解しなければならない。

〈事例9〉

1年生の途中で高校を中退してしまったTさんは，これからのことについて相談したいと，母親と来談された。その地域では有名な進学校に入学できた時には，家族で大喜びしたと母親は言い，なんとかその高校を卒業してほしかったと悔しがっていた。そして，これまで親の言うことや学校の先生の言うことに逆らうこともなく，中学校では生徒会役員までしていた娘の高校中退に，母親は強いショックを受けていたようである。

本人に聞くと，「親や中学校の先生が，君の成績ならその高校に行った方が良い」というので受験したとのことであった。しかし，実際に入学してみると，同じ中学校出身の人は本人以外に2人だけで，それも男子で，中学の時にも話したこともない人たちだった。また，中学の時に打ち込んでいた卓球を高校でも続けようと思っていたのに，卓球部自体がその高校には存在していない。さらに，授業のスピードが速すぎて，ついていくのも大変で，マイナス面ばかりであるとTさんは話していた。

> 十分に，本人と母親の話を聞いたあとで，本人と今後どうしたいのかを話し合うと，「自分じゃ決められないから相談に来たの。先生が決めてよ」と，Tさんは言っていた。

　このTさんのケースなどは，自己決定できない子どもの状況をよく表しているといえよう。進路の選択でも，それぞれの選択肢のマイナス面を考えてみて，どちらのマイナス面であれば，「後から後悔しないか」，「自分なりに対応可能か」といったことに思いを巡らせ，シュミレーションしてみる自己決定能力が，現代社会では求められているのである。
　不登校の子どもたちへの援助でも，これまでの「登校刺激を与えずに」とか，「子どもの気持ちを大切にして」などの抽象的であいまいな援助から，自己決定の問題として子どもに考えさせる対応が効果的なケースが多い。
　①学校に行く道と，②学校を休む道のどちらを選択しても良いのだということを示した上で，それぞれの道のプラス面とマイナス面を考えさせる。これまで関わってきた多くの子どもが，①学校に行く方のプラス面として，「勉強が分かるようになる」「好きな友だちと遊べる」「体力がつく」「進学に有利」などをあげ，マイナス面としては「友だち関係で悩む」「先生が嫌い」「叱られる」「勉強が嫌だ」「めんどうくさい」などと話す。
　②の学校を休む方のプラス面としては，「朝が楽だ」「ゆったりする」「好きなことができる」「友だち関係で悩まない」「叱られない」などがよく示され，マイナス面としては，「勉強が遅れる」「友だちと遊べない」「体力が落ちる」「進学が心配」「親に叱られる」などが出される。
　この時，プラス面を比べて考えさせるのではなく，それぞれのマイナス面で示されたものについて，どのような対応ができるかを考えさせ，彼らが対処できる方を選ばせるやり方がある。①の学校に行く方のマイナス面である「友だち関係で悩む」に対しては，「カウンセリングに通う」とか，「先生が嫌い」には「クラスを換えてもらう」，「叱られる」には「叱られないふるまいを学ぶ」などの対処方法を，なるべく具体的に考えさせる。

②の学校を休む方のマイナス面である「勉強が遅れる」には「家庭教師をつける」,「友だちと遊べない」には「友だちに家に来てもらう」,「体力が落ちる」には「筋トレをする」などの対処法を考えさせる。そして，多くの具体的な対処法が出てきた方を選択させ，その対処法をきちんと行わせていく（責任をもたせる）ことで，学校に行く行かないに関わらず，本人に社会性が身につき，自立への道を進んでいくことが多いのである。

> コラム6

自己決定能力

　自分で決めることを「自己決定」といいます。進路や高価な買い物をする時など，この自己決定の必要性を意識しますが，私たちは日常的に小さな自己決定を繰り返しながら生活しているものです。たとえば，洗濯と掃除のどちらを先にするか，テレビ番組のどれを観ようか，どの服を着ていこうかなどです。

　自己決定が苦手な子どもには，2つのタイプが見られます。一つは，小さい時から周囲の大人が手をかけ過ぎて，すべてのことを決めてあげてきたために，自分で決める経験が不足しているタイプです。また，親が子どもの自己決定を待てずに，先に決めてしまう場合もこのタイプに入ります。

　このようなタイプの子どもには，日常生活のなかで小さなことから決めさせていく経験を積ませることが大切になります。食べたいおやつを決めるとか，欲しいおもちゃを決めさせるなど，子どもにとって選ぶことが楽しいものからはじめるといいようです。気をつけないといけないことは，なかなか子どもが決められなくても，親などの周囲の大人が根気強く待つ姿勢をもつことです。

　もう一つは，自分が選んだ結果に自信がもてないタイプです。自己決定には選んだ結果に対する責任が伴います。また，選ばなかった方に対する未練も残ります。小さい時から，自分で選んだことを周囲の人に否定されたり，認めてもらえなかったりしてきた子どもに，このタイプが多いようです。このタイプの子どもには，どんなに小さな決定でも，子どもが選べたことを認めて，その結果を褒めてあげることを繰り返すことで，自分の決定に自信をもつようになっていきます。

　人は，自信をもって自己決定できるようになることで，自己効力感も高まっていきます。つまり，自己効力感を高めていく方法としても，小さい時からの自己決定能力の育成が大切です。

7章 環境の変化と子どもへの対応

* * * *

　現代社会は流動的であり，さまざまな価値観や考え方が存在している。そのなかで，どのように対処していけばよいのかを，前章で考えてきた。このように変化し続けていく社会では，どのような影響が子どもたちに現れるのかと，ここではその対応について検討してみることにする。

1　環境の変化とストレス

　私たちは，毎日同じような生活をしていると，少しは生活に変化をつけてみたくなることがある。たとえば，旅行に出かけてみるとか，部屋の模様替えをするとか，髪形を変えてみるというようなちょっとした変化を楽しむことがある。このように，自分から欲して自らの意志で普段の生活を変えてみることは，楽しみでもあり心のリフレッシュにもつながる。

　しかし，生きていると自分の意志とは関係なしに，環境が変化することもよくある。転勤や転校，進級や進学，家族内のだれかが病気になったり，亡くなったりして生じる家庭内の人間関係の変化，それに昨日まで仲が良かった友人との関係の悪化など，さまざまな環境の変化に，私たちは否応なしに曝されながら生きている。

　このような，自分ではコントロールできない環境の変化に対して，人はストレスを感じ強い不安を生じることになる。それでも大人の場合には，こうした自分の意志とは無関係な環境の変化に対しても，「仕方ないこと」と諦めてみるとか，環境が変わることが「自分にとっては意味があることだ」などと見方を変えてみるなど，それまでの人生経験などを基にして，何とか対応することができる。

しかし，子どもの場合には，親や大人の事情に伴う転校など，子どもの意志とは関係のないところでの環境変化に遭遇することが多い。また，それに対応するだけの経験が不足していることもあり，大人以上に環境変化に対して戸惑ったり，ストレスを感じたり，不安を強くもったりするようになりやすいのである。そして，そこにさまざまな不適応行動が生じてしまうこともある。

2　環境の変化と子どもへの影響

　環境の変化とは，子どもの生活環境が変わることで，引っ越しや転校，同居していた祖父母が亡くなるなどの家族関係の変化があげられる。また，事故や災害に遭遇することも，環境の変化と考えられるし，これらが子どもにとって強いストレスになることは想像に難くない。このため，周囲の大人もそうした環境の変化があった場合には，子どもの様子に注意を向けることができる。

　注意しなければならないことは，妹や弟の誕生や小学校入学など，親にとってはおめでたいことで，嬉しく喜ばしいことでも，子どもにとっては，それまでの生活環境が変わることであり，強いストレスになっている場合である。親や大人は，自分たちが楽しいことや嬉しいことは，当然子どもも楽しく喜んでいると思い込んでしまいがちで，子どもの様子に注意が向かないことが起きるからである。

　また，ストレスに曝された時に，子どもたちが親などに「辛い」という気持ちをうまく「ことば」で伝えることができれば，周囲の大人もそれに対応することができる。しかし，多くの子どもは，そうした自分の状況をことばで表現できない場合の方が多い。その代わりに，子どもたちはさまざまな身体症状や，問題行動を示すことで，周囲の大人に何らかのサインを示すことがある。

　そこで，このような環境の変化が起きたときの子どもへの影響と，その結果としての子どもが示すサインを親や周囲の大人たちが知っていると，早目の対応が可能となる。環境の変化によってストレスを受けた子どもが

示す状態を，小学校低学年と高学年以降とに分けて示すことにする。

■小学校低学年（7〜9歳）に現れるサイン
　○発熱，腹痛，頭痛，頻尿，チック症状などの身体症状
　○食欲不振，嘔吐などの食行動の異常
　○場面緘黙，夜尿，爪かみなどの習癖
　○不登校，一人遊び，友だちの悪口を言うなどの対人関係の変化
　○落ち着かない，妙に明るくふるまう，多弁，無口になる，赤ちゃん返りなどの行動の変化

■小学校高学年（10歳〜）に現れるサイン
　○円形脱毛症，過敏性腸症候群などの身体的（心身症）症状
　○抑うつ感，無気力，キレるなどの精神症状
　○学力低下などの学習上の問題
　○抜毛，リストカット，拒食・過食症状などの習癖
　○非行，不登校などの行動の変化

　このようなサインが見られた時には，一応身体的な病気の有無を医師に診察してもらい，特に医学的な病理が見られない場合は，環境の変化に対する何らかのサインではないかと考えてみることが大切である。
　このサインを捉える時に気をつけておきたいことは，問題行動や症状などの親にも分かりやすいサインだけではなく，「多弁」や「明るくふるまう」といった，ちょっと見ただけでは良いことのように思われる行動の変化にも注意が必要なことである。つまり，いつもとは異なる行動にも，親や周囲の大人は注意しておくことが大切である。
　次に示すケースは，親にとっては喜ばしいと思われる環境の変化が，子どもにとってはストレスであり，そのサインが問題行動というよりは良い子を演じるという形で現れたものである。

〈事例10〉

　J君は小学校2年生。小学校1年生の2学期まで，両親と父方の祖母との4人で暮らしており，それまでの成育歴にも問題はなかった。
　小学校1年生の正月明けに妹が誕生する。J君は妹を可愛がり，世話をするなど，良いお兄ちゃんぶりを発揮していた。ところが小学校2年生になって，朝登校しようとすると腹痛がおき，何日か学校を休むようになり，相談に訪れたケースである。
　医学的には特に腹痛となるような病理は診られず，心理的な問題とのことで，プレイルームで遊びを通して気持ちをほぐしていくことにした。3回目のプレイ中に，J君は人形の足を持ち，水の入ったバケツにその人形を頭から沈めたり引き上げたりする遊びを何度も行っていた。援助者はそれを止めることなく，十分にその行為を続けさせた。
　次の回でも遊びの途中で，人形の頭を水につける遊びが始まったので，頃合いをみて「この人形の名前は？」と援助者が聞いたところ，「Yちゃん」と，妹の名前を答えた。その後はプレイのなかで，妹に対する気持ちをことばや遊びを通して表出してもらうことと，両親や祖母にJ君にもスキンシップなどを意識して多くするようにお願いすることで，腹痛も治まっていった。

　J君の場合，それまで一人っ子として両親と祖母の愛情を一身に受けていたのに，突然現れた妹にそれを奪われてしまったことが腹痛という症状になったと考えられる。もう少し年齢が低ければ，妹と同じようにふるまうことで，もう一度親の愛情を取り戻そうとする赤ちゃん返りなど，周囲の大人にも分かりやすいサインを最初から出せたと思われる。しかし，小学生であるJ君が見せたサインは，「良いお兄ちゃんを演じる」という，一見すると問題とは見えず，むしろ良い行動だと評価されるものであった。祖母が，「そういえば，一人っ子で，少しわがままなところがあったJが，妹が生まれてからは妙に良い子になった」と話していたことが印象的であった。
　このように，親や周囲の大人にとっては妹の誕生という嬉しい出来事であっても，子どもにとってはストレスになってしまうことや，その表現として，問題行動や症状だけではなく，良い子を演じるという良い行動の変

化として示されることがあることを知っておくことも大切なことである。

3　環境の変化への大人の対応

　では，生活環境などの変化によって，子どもに症状や行動の変化が現れたりサインが見られたりした時に，周囲の大人はどのように対応すれば良いだろうか？　また，生活環境は変化したが今のところサインが見られない時に，その予防としてどのようなことに注意を払えばよいだろうか？

　第一に挙げられることは，子どもの日常的な行動を親や周囲の大人がよく観察しておくことである。普段の子どもの様子を把握しておけば，子どもの変化にも気づきやすくなる。症状や問題行動などは目立つので気づきやすいが，J君のケースのように，見逃しやすい変化を普段から観察をしているとその違いに気づきやすく，それだけ予防的対応もとりやすくなる。

　第二に，生活環境の変化が，親や周囲の大人の子どもへの関わり方にまで変化を起こしてしまうことに注意することである。変化する生活環境のなかで変わらないところがあることが，子どもにとっての安全基地になり，その基地で心の安定を取り戻すことで，子どもは新しい環境に対応する力を得ることになる。

　たとえば，親の転勤によって知らない土地の新しい学校に転校した場合に，地域も学校も友だちもみんな変化したなかで，家に帰ると今までどおりの生活が営まれていることが，子どもにとって何よりの安心感となる。このため，それまでは仕事をしていなかった母親が，引っ越しを機会に仕事を始めてみるなどの家族内の変化は，ある程度子どもが新しい環境に慣れてから始めるようにすることも大切である。

　神戸市須磨区で起きた小6男児殺害事件（1997年5月）のあとで，河合隼雄（1997）が「癒しの根本は，そのことによる悲しみ，怒り，痛み，などを心のできるかぎり深いところの中心に据え，それはそれとして，日常のしなくてはならぬことを，がっちりと行うことである」と述べていることも，この揺らがない安全基地の効果を示したものといえる。また，カウンセリングなどの相談場面では，相談を受ける側の事情で年度末にケース

を終結することもあるが，本来そのような対応は良くない。特に子どものケースでは，新学年や進学した後，新しい生活環境に子どもが慣れたところで終結にもっていくことが望まれる。これも，子どもの生活環境が変化した状況で，相談場面が不変であり安定していることで，安全基地の役割を果せるからである。

　つまり，生活環境が変化した時に，なるべく親や周囲の大人がそれ以前と同じように子どもと接していくことが，子どもが新しい環境にうまく慣れていくためには必要なのである。

　もう一点大切なことは，子どもが親などにことばによって悩み伝えてきた時の対応である。子どもの悩みの表現は，感情の直接的な表出という形で示されることが多い。たとえば，「花子なんて大嫌い」「太郎なんか死んでしまえばいい」などと，友だちやきょうだいの悪口を言うことがある。このような場合に，親などが「お友だちのことを嫌いなんて言っちゃダメだよ」とか，「"死ね"なんていう言葉を使うな！」などと子どもが感情表出することを注意したり禁止したりしてしまうと，子どもは次から親などに悩みを伝えることをためらってしまうことになる。このような場合には，「"大嫌い"と思うほど嫌な思いをしたんだね」とか，「"死ね"って思うほど悔しかったんだな」と，子どもの気持ちを受け止めることが重要になるのである。もちろん，気持ちは受け止めるが，「よーし，それじゃ今から太郎の家に行って，太郎を懲らしめてやろう」などと，親が行動に移してしまうことは慎まなければならない。つまり，感情を受けとめることと行動化することは別のことであることを，親は教えていかなければならないのである。

コラム7

内部環境の変化

　子どもがストレスを感じ，心のバランスを崩しやすい環境の変化について考える時，外的な環境変化とともに，子どもの内的な環境の変化にも目を向けていかなければなりません。この内的な環境の変化とは，子どもの成長に伴って生じる身体や精神状況の変化のことです。

　子どもの成長は意外に速いもので，半年前に買った靴がもう入らないなど，日々身体も変化しています。特に，小学校高学年になると，個人差はあるものの，子どもたちはいわゆる思春期を迎えます。女子では生理が始まり，男子では声変わりや精通が見られ，それまでの子どもの身体から，生殖が可能な大人の身体に変化するのが思春期なのです。

　このような自分の身体という内部環境の急激な変化も，自分の意志とは関係なしに突然訪れます。つまり，内部環境の変化もまた，子どもにはストレスをもたらすものなのです。

　内部環境の変化によるストレスからくる不安や戸惑いに，子どもたちは，それまでのやり方で対応しようとします。しかし，思春期特有の攻撃性や性的な衝動，さらにイライラ感に対しては，それまでの対応では解決が不可能なことも多く，さらに不安定さを増すことになります。

　また，思春期は異性を意識し始めるだけではなく，同性と自分を比較して劣等感を強めたりすることがあります。性的なことや身体的な悩み，それに劣等感については親にも相談できないため，一人で悩みを抱え込んでしまう子どもも多いのです。

　親や教師など，思春期の子どもと関わる人たちが，このような思春期の子どもの心理状況をよく理解しておくことが，適切な対応を行うためにも大切です。周囲の適切な対応で，この思春期の時期を乗り越えられた子どもたちは，その後の社会的自立の道を歩んでいくことになります。

8章 子どもからのサインを受け取る

＊＊＊＊

　環境の変化が，子どもたちにどのような影響を与えるかについてみてきたが，ストレスを受けた子どものサインに周囲の大人が気づき，適切な対応をしていくことが必要となる。ここでは，子どもがストレスに曝された時に示すサインについて，詳しく検討していくことにする。

1　「ことば」にならないサイン

　大人であれば，辛いことや苦しいことがあると，それを周りの人に訴えたり，誰かに愚痴を聞いてもらったりするなど，「ことば」で悩みを表現することができる。しかし，心身の発達過程にある子どもは，言語表現の能力が未成熟なこともあって，心理的な不調や辛い状況を，「ことば」でうまく伝えることができない場合が多い。

　また，子ども自身がそうした辛い状況に，自分が置かれているということに気がつかずにいることもよくみられる。近年問題となっている児童虐待の場合も，虐待の被害者である子どもにとっては，それが日常であり生活であるため，自分が虐待を受けているということにも気づいていないことがある。

　この「気づかない」あるいは「気づけない」状態は，学校などで友だちからいじめを受けている子どもや，犯罪被害にあった子どもにも認められることがある。このような時，大人は「何で言わなかったの？」，「ちゃんと話さなければ分からないでしょう」などと子どもに迫るが，子どもは「言わない」のではなく「言えない」のである。

　ところで，子どもが意識的には気づいておらず，「ことば」にできない

辛さや心理的不調でも，案外彼らの身体は敏感に感じていることがある。そのため，子どもがことばで表現できないものを，彼らの身体が代わって表現してくれることの方が多い。

この身体が表現するということは，大きく分けて2つの側面がある。1つは，子どもの示すさまざまな身体症状であり，もう1つは，行動としての現れである。たとえば，不登校の場合もその典型的な経過をみると，腹痛や頭痛といった身体の不調から始まることが多く，その後に物や家族に対する暴力などの攻撃的な行動を示すといわれている。

ここでいう行動としての表現には，子どもたちのしぐさや態度のほかに，彼らの作文や絵などの作品も含まれる。このため，子どもへの適切な心理的援助を行う場合に，行動の観察だけではなく，子どもに絵を描いてもらったり，作文を書いてもらったりして，そこに表現されたものから彼らの心理的な状態を把握することが，心理臨床的援助場面ではよく用いられている。

つまり，子どもの示す身体症状や行動などは，もの言えぬ子どもからのメッセージであり，危機的な状態に今自分があることを知らせる心のサインであり，叫びなのである。子どもにかかわる人は，このサインを見逃さずに，その意味を考えることが大切であろう。そこで，以下に子どもの身体が語る心のサインについて，事例を通して具体的に考えていくことにする。

2　身体症状としてのサイン

〈事例11〉
ミニバスケットボールの選手だった小学校5年生のKさんは，練習中の軽い捻挫をきっかけに，立つことも歩くこともできなくなってしまった。お医者さんからは，整形外科的には異常はないと言われたが，家の中では赤ちゃんのようにハイハイで移動し，外出の時は車椅子を使わなければならず，ついには不登校状態となった。

お母さんによると，Kさんは幼い時から手がかからず，家事の手伝いや2歳下の妹の世話も進んで行い，共働きの両親にとっては実に良い娘であった。

また，学校でも学級委員長や，6年生が引退したあとミニバスケットボール部のキャプテンを務めるなど，先生や友だちからも信頼されていたという。
　歩けなくなった頃から，家でKさんは極端に母親に甘えるようになり，さらに，これまで見せたことがない行動をとるようになる。たとえば，母親が添い寝をしなければ眠れない，食べ物の好き嫌いが激しくなる，妹に対して暴言を吐く，などの行為が目立つようになり，時には暴力を振るうこともみられるようになった。

　Kさんは，捻挫を契機として身体医学的な原因がないにもかかわらず，立つことも歩くこともできなくなってしまった。こうした症状は「失立失歩」とよばれ，心身症の一つであるといわれている。
　心身症とは，身体に器質的あるいは機能的な病変や障害が実際に生じており，その原因として心理社会的な要因（ストレス）が強く関与しているものをいう。このため，本人が身体症状を訴えていても，器質的あるいは機能的病変が明らかではないものは「心気症」とよび，「心身症」とは区別されている。
　Kさんの場合，カウンセリングを進めていくなかで少しずつ明らかになってきたことは，ミニバスケットボール部内で対立する2つのグループを，キャプテンとして調整することが，過度のストレスになっていたらしいということであった。カウンセリングで徐々に明らかになるまで，彼女はこのストレスのことに気づいていなかったし，親も教師もそのことでKさんが悩んでいたとはまったく気づかずにいた。しかし，彼女の身体は敏感に感じていたのだ。
　さて，Kさんの失立失歩という症状のほかに，子どもがストレスを受けた時に示しやすい代表的な心身症としては，以下のものがあげられる。反復性腹痛や過敏性腸症候群など下痢や腹痛を含む消化器系の症状，気管支喘息や過換気症候群などの呼吸器系の症状，アトピー性皮膚炎や円形脱毛症などの皮膚疾患，頻尿や夜尿といった泌尿器系の症状，その他，頭痛，自律神経失調症，チック症などである。

3　行動としてのサイン

　次に，Kさんが示した行動上のサインとしては，母親に対して過度に甘える退行現象（赤ちゃん返り）や，偏食，妹への暴力も認められている。このように，普段の本人の行動とは明らかに異なる行動を，子どもが継続して示す場合も，それを心のサインとして捉える必要がある。

　子どもによっては，「落ち着きがなくなる」「不眠」「抜毛」「拒食・過食などの食行動異常」「爪噛み」「吃音」などの行動を，ストレスに対する心のサインとして示すことも多い。

　ところで，Kさんは不登校状態にもなったが，私たちはともすると，不登校を一つの独立した病気として捉えがちであるが，学校に行かない（行けない）という行動も，その裏にある子どもの心のサインとして捉えなおすことが大切である。

　このことは，子どもたちの非行や家出，暴力などのいわゆる問題行動についても同じである。子どもたちが示すこれらの行動の一つひとつに，もぐらたたきのように対応するのではなく，そのサインで子どもが本当に伝えたいことは何かを見極めていく努力を，大人は続けていくことが大切である。

　このように考えれば，「不登校を治す」という対応の間違いや，反対に「不登校は問題ではない」として，いわゆる「登校刺激を与えず」にという何もしない対応の誤りにも気づく。さらに，「非行少年には少年法を改正して厳罰をもってのぞめ」という考え方も的を射ていないことが明らかとなろう。

〈事例12〉

　「おとうさんも，おかあさんも，ほんとうにかわいいよ。いつもいつもM子がわがままして ごめんね」

　小学校2年生のM子さんが授業中に書いた親への手紙を見て，担任のT先生は「おやっ？」と思ったという。小学校2年生の子どもが，親に「かわい

い」という表現を使うだろうかと。

　M子さんは母親の連れ子で，再婚した義父は暴力団関係者であるという情報もあり，T先生には担任となった当初から気になる児童であった。何日も同じ服を着て登校してくることや，下校時になかなか帰ろうとしないことも心配だったし，むさぼり食うという表現がぴったりするような給食の食べ方も，先生の心の隅に引っかかっていた。

　また，別の授業でM子さんが描いた家族の絵に，義父が描かれていなかったり，母親の顔が黒く塗りつぶされていたことがあった。そこで，T先生は「虐待の心配がある」と管理職に相談したが，管理職から「学校は，親との信頼関係が大切なので，軽々しいことは言わないように」と反対に注意されたという。このため，心配はしていたものの，それ以上の対応はできずにいたが，今回の作文をみてT先生は決心し，放課後M子さんを保健室に連れて行き，養護教諭にM子さんの身体検査を依頼した。

　その結果，M子さんの臀部と背中，それに脇の下に叩かれたか，つねられてできたと思われる痣がいくつも確認された。身体的な証拠が見つかったことで，管理職も了解して児童相談所への通告がなされた。

4　被虐待児の示す行動的サイン

　身体的虐待を受けている子どもは，痣や傷などから気づかれることが多い。しかし，虐待する親も巧妙になってきており，外からは見えない部分

表8-1　児童相談所虐待相談における主たる虐待者の推移

(件)

区分	総数	父		母		その他
		実父	実父以外	実母	実母以外	
平成9年度	5,352	1,445 (27.0)	488 (9.1)	2,943 (55.0)	203 (3.8)	273 (5.1)
12	17,725	4,205 (23.7)	1,194 (6.7)	10,833 (61.1)	311 (1.8)	1,182 (6.7)
13	23,274	5,260 (22.6)	1,491 (6.4)	14,692 (63.1)	336 (1.4)	1,495 (6.4)
14	23,738	5,329 (22.4)	1,597 (6.7)	15,014 (63.2)	369 (1.6)	1,429 (6.0)
15	26,569	5,527 (20.8)	1,645 (6.2)	16,702 (62.9)	471 (1.8)	2,224 (8.4)
16	33,408	6,969 (20.9)	2,130 (6.4)	20,864 (62.5)	499 (1.5)	2,946 (8.8)
17	34,472	7,976 (23.1)	2,093 (6.1)	21,074 (61.1)	591 (1.7)	2,738 (7.9)
18	37,323	8,220 (22.0)	2,414 (6.5)	23,442 (62.8)	655 (1.8)	2,592 (6.9)

(注)　その他は，祖父母，兄弟姉妹，叔父叔母など。
※厚生労働省大臣官房統計情報部「社会福祉行政業務報告」

表8-2 児童相談所虐待相談における被虐待児童の年齢構成の推移

(件)

区分	総数	0～3歳未満	3歳～学齢前	小学生	中学生	高校生・その他
平成9年度	5,352	1,034 (19.3)	1,371 (25.6)	1,923 (35.9)	741 (13.9)	283 (5.3)
12	17,725	3,522 (19.9)	5,147 (29.0)	6,235 (35.2)	1,957 (11.0)	864 (4.9)
13	23,274	4,748 (20.4)	6,847 (29.4)	8,337 (35.8)	2,431 (10.4)	911 (3.9)
14	23,738	4,940 (20.8)	6,928 (29.2)	8,380 (35.3)	2,495 (10.5)	995 (4.2)
15	26,569	5,346 (20.1)	7,238 (27.2)	9,708 (36.5)	3,116 (11.7)	1,161 (4.4)
16	33,408	6,479 (19.4)	8,776 (26.3)	12,83 (37.4)	4,187 (12.5)	1,483 (4.4)
17	34,472	6,361 (18.5)	8,781 (25.5)	13,024 (37.8)	4,620 (13.4)	1,686 (4.9)
18	37,323	6,449 (17.3)	9,334 (25.0)	14,467 (38.8)	5,201 (13.9)	1,872 (5.0)

※厚生労働省大臣官房統計情報部「社会福祉行政業務報告」

をつねったり叩いたり，切りつけたりしている事例が増えてきている。M子さんの場合も臀部や背中，脇の下など，見えないところに傷跡があった。だからといって，教師がすべての子どもを裸にして傷の有無を調べることはできない。もしそれを行うとすれば，T先生が行ったように，養護教諭の協力をもらうなどの配慮が必要となるし，どの子が援助を求めているのかを見極める教師の目が重要となる。

また，最近は保護者が子どもに暴力を振るう「身体的虐待」に対して，養育を放棄する「ネグレクト」や，他のきょうだいと差別をしたり，ことばで子どもを追い詰めたりする「心理的虐待」の割合が急増している。

児童虐待を早期に発見するために，まずは日常の学校生活における子どもの行動観察が重要であり，子どものサインの何に注意し，そこから何を読み取るかが，教師には求められることになる。T先生の場合は，M子さんの書いた作文であり，絵であった。また，日常のM子さんの様子から，何日も同じ服を着ていること，下校したがらないこと，異常な給食の食べ方などにも，T先生は注意を向けていた。

学校で教師が気づきやすい，被虐待児が示す行動的サインは，①衣服の汚れや同じ服を着続けている。②着替える時に，異常な不安をみせる。③食べ物への執着が強く，むさぼり食べる。④友だちに食べ物をねだる。⑤保護者の前ではおどおどしている。⑥保護者に変に密着したり，こびたり

する。⑦家に帰りたがらない，家出を繰り返す。⑧音などに過敏に反応しおびえる。⑨大人が手を動かすと，防御の姿勢をとる。⑩学力が急に低下する。⑪他児や他者に対して攻撃的になる，などがあげられる。

5　子どものサインを見逃さないために

　これまでみてきたように，子どもは耐えることができない危機的な状態に置かれると，それを意識していなくとも，彼らの身体がSOSのサインを身体症状や問題行動として発する。サインとは，それを読み取ってくれる人に向かって発せられるメッセージである。子どもの身体は，そのことも無意識的に知っているようである。

　このことは，子どもに身体症状を訴えられたり，問題行動を示されたりする大人は，子どもが無意識ならがも「この人なら，このサインを受け取り，助けてくれるだろう」との期待を向けられているのだと考えることができる。したがって，子どもの身体症状や問題行動を指導や治療の対象としてだけでみるのではなく，自分に向けられたメッセージであると捉えることが大切である。そして，自分がそのメッセージを汲み取ってくれる人だと，子どもたちの身体が敏感に感じている表れだということを，子どもに関わる私たち大人は，常に意識していなければならない。

　特に，児童虐待の場合は早期発見と早期対応が求められる。このため，子どもに関わる人々が，虐待を受けている子どものサインを見逃さないことが重要になるのである。

コラム8

児童虐待

　児童相談所で受け付けた児童虐待の相談ケース数は，ここ10年で十数倍に激増しています。児童虐待により命を奪われたり，重篤な障害を負う子どもが後を絶たず，社会的にも児童虐待は緊急の対応課題となっています。

　児童虐待は子どもに身体的な暴力を振るう「身体的虐待」，子どもに性的なかかわりをもつ「性的虐待」，言葉による暴力などの「心理的虐待」，子どもの世話をしないなど育児放棄の「ネグレクト」の4つに大きく分類されます。最近は，身体的虐待よりも心理的虐待やネグレクトのような表面化しにくい「サイレント・アビューズ（静かなる虐待）」が増える傾向にあります。そこで，「虐待」よりさらに広く子どもに対する不適切な関わりを捉えた「マルトリートメント」という概念も提唱されています。

　児童虐待の背景には，親の精神的未熟さや経済的困窮，家族と社会との関係性の薄さなどが指摘されています。また，虐待を受けて育った子どもの精神的な不安定さや，その後の社会不適応なども問題として指摘されています。このため，児童福祉法の改正や児童虐待防止法の整備により，児童虐待家庭への立ち入り調査権の拡大など児童相談所の権限の強化が図られています。

　しかし，最も大切なことは，子どもに関わるすべての人が，子どもの命と精神の安全と安心を守り，子どもの最善の利益を保証するために，児童虐待の早期発見と早期介入の必要性を意識し行動していくことです。

　最近は，児童虐待と判断して親子を分離し，一時保護をした児童相談所を非難したり，裁判を起こしたり，強引に子どもを連れ戻そうとしたりする親がいます。このような非難や抵抗に対しては，毅然とした態度で臨むことが大切です。親の見栄や権利主張に振り回されず，まずは子どもの命と心を殺してしまわないようにすることが社会の務めだからです。

9章 家族支援における専門機関との連携

これまで見てきたように，社会の急激な変化とさまざまな価値観により，現代家族も新たな課題を抱えるようになってきた。このような家族の問題を総合的に扱う公的な専門機関は現在の日本にはないが，子どもの問題を通して家族問題に取り組む機関として，児童相談所がある。

ここでは，児童相談所について概説したあと，専門機関や専門職の連携のあり方について考える。

1 児童相談所とは

児童相談所は，昭和22（1947）年公布の児童福祉法により，原則として生まれたばかりの乳児から18歳になるまでの「児童」に関わる，すべての福祉的問題に対応する行政機関である。法律によって，都道府県および政令指定都市にその設置が義務付けられている。

児童相談所は，その児童福祉相談業務を遂行するために，①相談・調査機能，②判定・臨床機能，③措置機能，④児童虐待対応機能，⑤市町村支援機能，⑥一時保護機能などのさまざまな機能を備えている。①の相談・調査機能とは，相談内容の調査や各種情報の収集のほか，他の関係機関との連絡調整を行うものである。②の判定・臨床機能は，医学的，心理学的，社会学的な総合的査定とその結果に基づいた臨床的な援助を行うものである。③の措置機能は，各種児童福祉施設や里親などに児童の処遇を依頼したり委託したりすることのできる権限を行使する機能である。ここには，家庭裁判所への児童の通告のほか，児童福祉法に基づいて「親権停止」の申し立てを行うなどの仕事も含まれてくる。④の児童虐待対応機能は，増

え続ける児童虐待への迅速な対応を行うための機能である。⑤の市町村支援機能は，これまで各都道府県がもっていた児童行政に関わる機能が，住民に身近な市町村に移され，市町村が児童相談の第一窓口となった。しかし，市町村には専門職員を置くだけの経済的基盤が弱いことから，児童相談所が市町村の児童相談業務への専門的な支援を行うことになったものである。⑥の一時保護機能は，児童相談所の特色ある機能の一つで，子どもを併設の一時保護所に入所させ，各種査定や援助を行うことができる機能である。この一時保護では親の同意を必要としないため，近年は児童虐待の一時的なシェルターの機能を果たしている。

　これらの機能を十分に発揮できるように，児童相談所には専門の職員が配属されている。所長のもとに，各ケースの全体像を把握するケースワーカーとしての役割をもつ児童福祉司，児童虐待への緊急対応を指揮する児童虐待専門官，児童や保護者の心理状況を把握する児童心理司，医学的判断を行う医師，相談調査を担当する相談調査員，一時保護所で子どもの生活の世話をしながら行動観察を担当する児童指導員や保育士のほか，子どもに食事を提供する栄養士や調理員などさまざまな専門家が連携をとりながら対応している。

　児童相談所では，受け付けた相談を以下のように分類整理している。①養護相談（親の入院や拘留などにより，家庭での養育が困難になった児童や遺棄された児童のほか，虐待を受けている児童も含まれる），②保健相談（未熟児や子どもの健康状態に関する相談），③心身障害相談（知的・身体的な障害に関する相談や自閉症に関する相談など），④非行相談，⑤育成相談（不登校相談や習癖，問題行動などの相談）である。

　これらの相談を受け付けた児童相談所は，相談内容について調査し，児童本人や家族，地域性などを査定し，適切な援助計画を作成して援助に当たることになる。また，地域のさまざまな援助機関と連携をとるほか，ケースによっては児童福祉施設入所などを決定し，子どもを施設に措置するなどの権限を行使している。

　児童相談所が措置する児童福祉施設としては，以下のものがあげられる。

① 乳児院：さまざまな理由で家庭での養育を受けられない，誕生からおおむね1歳未満の乳児を入所させて養育する施設であるが，現在は小学校入学前の幼児までの入所も可能となっている。保育士等の専門家により，家庭に代わる養育を提供している。
② 児童養護施設：やはりさまざまな理由で，家庭での養育が困難である，おおよそ1歳以上から17歳まで（場合によっては20歳まで）の児童を入所させ，保育士や児童指導員などの専門家による安定した生活環境の提供と養育を行う施設である。学齢の子どもたちは地域の学校に通い，学校教育を受けることになる。最近では，より家庭的雰囲気の処遇を目指して，児童6人程度が一つの家で職員の世話の元に暮らす「地域小規模児童養護施設」という形態の施設も増えてきている。
③ 児童自立支援施設：以前は「教護院」とよばれており，非行等の不良行為を行った児童や，それらの行為を行なうおそれのある児童を入所させて指導を行う施設であったが，1998年の児童福祉法の改正により，名称が児童自立支援施設と変更になったほか，非行等の不良行為が見られなくても，家庭での養育環境の問題から生活指導が必要な児童も入所させて指導を行うことができる施設となった。児童自立支援専門員や児童生活支援員などの専門職員が指導に当たっている。また，通所による指導や，卒園後の生活支援や指導も行っている。
④ 情緒障害児短期治療施設：軽度の情緒障害を有する児童を，短期間入所させたり家庭から通所させたりして治療を行う施設である。児童精神科医や心理療法担当職員のほか，保育士や児童指導員が治療や指導を行っている。近年は，短期的な援助では改善が難しいケースも増えてきている。
⑤ 知的障害児施設：知的に障害を有する児童を入所させて，保護的環境を提供しながら，生活能力の育成を図る施設。
⑥ 知的障害児通園施設：知的に障害を有する児童を家庭から通園さ

せて，自立生活に向けての生活技術や能力の育成を目的とする施設。
⑦ 盲ろうあ児施設：視覚に障害を有する児童や，聴覚音声機能に障害を有する児童を入所させて，生活技術や能力の育成を図る施設。
⑧ 肢体不自由児施設：上肢，下肢又は体幹の機能の障害のある児童の治療と自活に必要な知識技能を身につけさせることを目的とする施設。
⑨ 重症心身障害児施設：重度の知的障害及び重度の肢体不自由が重複している児童を入所させて，治療及び日常生活の指導をすることを目的とする施設。

以上の児童福祉施設のほかに，児童相談所の措置によらずに利用できる児童福祉施設については以下のものがある。

① 保育所：保護者の委託を受けて，保育に欠けるその乳児又は幼児を保育することを目的とする施設。保護者の共働きが主な入所理由であるが，保護者の就労の有無に関わらず，さまざまな理由で「保育に欠ける」状態であれば入所を申し込むことができる。
② 母子生活支援施設：以前は母子寮とよばれていたが，1998年からこのような名称に改められた。母子家庭の母と子（児童）を入所させて，母子の自立の促進のためにその生活を支援するほか，退所した者について相談その他の援助を行うことを目的とする施設。
③ 児童家庭支援センター：児童の福祉に関する諸々の問題に関する，児童，母子家庭や地域住民などからの相談に対して必要な助言や指導を行い，さらに児童相談所や児童福祉施設等との連絡調整，その他厚生労働省令の定める援助を包括的に行うことを目的とする施設。基本的に他の児童福祉施設に併設される。

2　真の連携とは

これまでに見てきたように，子どもや家族の福祉を守るためには，一つの援助機関や専門職だけでは困難なことが多い。このため，さまざまな機関や専門職が連携しながら対応することが求められている。一つの機関や

専門職がすべての機能と能力を有しているのであれば，その機関だけで，あるいはその専門職だけで対応すれば良いはずである。たとえば，児童相談所が子どもに関することはすべて対応するとしよう。相談も受け付けるし，勉強も教える，手術だって児童相談所でしてしまうとなれば，学校との連携も医師や病院との連携も必要なくなるのである。しかし，実際には各機関や専門職には，それぞれの守備範囲があり，そこで行えることとできないことがある。

　この守備範囲の違いは，その機関や専門職がよって立つ法律や制度の違いによることもあるが，それぞれの援助目標や援助方法の違いにもよる。このことを理解していないと，それこそ「児童相談所に頼んだのに，何もしてくれない」とか，「学校が動いてくれない」などの連携したはずが反対に文句の言い合いになってしまうことになる。また，「児童相談所に通報したのだから，あとは任せて，私たちは手を引こう」ということになり，連携が単なる丸投げや責任転嫁になってしまう。そこで，専門機関や専門職の真の連携について，考えていくことにする。

3　専門職とは

　プロとは，どういうことだろう？　プロというと，私たちはプロ野球，Jリーガー，プロレスなどのスポーツ選手を，すぐに思い浮かべることができる。そのため，特別な才能をもった選ばれた人たちだけがプロであると思い込んでいるところがある。しかし，ある人が何らかの仕事を継続して行っており，その仕事でご飯を食べているとしたら，つまりその仕事を生業としているのであれば，その人はその仕事のプロなのである。

　したがって，福祉の分野で働き，その仕事で生活しているとすれば，その人は福祉のプロなのである。まして，福祉に関わる専門的な資格を有して働いている専門職は，それこそプロ中のプロということになる。

　プロ野球の選手が，大事な場面でファンからヒットを期待されている時に凡打や三振をしたり，そのシーズンの成績が振るわなかったりすると，「辞めちまえ」と言われたり，実際にそのシーズン限りで他球団に放出さ

れたり，引退させられたりする。たしかに，一般の仕事ではすぐに首になることはない。しかし，プロである限り，その仕事の対象者から仕事上のヒットやホームランを期待されている時に，凡打や三振のような仕事しかできない人は，対象者から「辞めちまえ」といわれても仕方ないのかもしれない。

　一方で，どんなに優れたプロ野球の選手でも，いくつかのポジションを同時に担うことはできない。たとえば，一人の選手がピッチャーとサードを同時に兼ねたりすることはない。ピッチャーは投球に専念し，サードに飛んだ打球はサードに任せる。ここにプロの条件としての，自分の守備範囲と役割の明確化，そして他の専門職との連携の必要性が見てとれる。

　福祉の仕事でも，一人の専門職がそのすべてを担うことは不可能であり，他の専門職との連携や協働は欠かせない。その時，自分の専門性の守備範囲を知っていることが大切であり，「この範囲については，プロとして責任をもって対応できる」ということが，十分に明確化されていることが必要である。そして，その範囲を超えた課題や対応については，しかるべき専門職に任せることができなければならない。

　もちろん，それぞれの専門職の守備範囲は，微妙に重なり合うところもある。さらに，専門職の守備範囲は個人の就業経験や学習によって，また各専門職の背景となる学問や理論の発達によって，時代と共に少しずつ変化し拡大することもある。このようなことを理解しながら，常にケース処遇に必要な連携すべき他の専門職種と，その専門職の守備範囲や役割をよく知っておくことが，専門職として求められるのである。

　福祉の分野で働いている専門職を上げてみると，社会福祉士，精神保健福祉士，作業療法士，理学療法士，医師，看護師，助産師，保健師，介護支援員，介護福祉士，ホームヘルパー，管理栄養士，栄養士，生活指導員，児童指導員，児童自立支援専門員，保育士，スーパーヴァイザー，職能判定員，心理判定員，児童心理司，児童福祉司，母子相談員，女性相談員，社会福祉主事，査察指導員，ケースワーカー，身体障害者福祉司，知的障害者福祉司，家庭相談員，臨床心理士，職業カウンセラーなどの他に，事

務職や各機関の長もおり，いかに多様な専門職が福祉に関わっているかがわかる。

　また，ケースによっては，警察職員，弁護士，小中高等学校教員，家庭裁判所の調査官，歯科医師などとの連携が必要な場合もある。

4　連携とコーディネート

　これまで述べてきたように，ケースに対してより良い処遇を行うためには，さまざまな専門職が連携し協働して関わることが大切である。しかし，この連携や協働については，それぞれの専門職が，「一つのケースに対して，みんなが同じように関わること」であると思われていることがある。

　この背景には，「福祉に携わる人には，優しさと，思いやりと，誠意と，その人らしさをもって対象者に関わることが求められる」というような，福祉の必要条件のみが強調されてきた流れがあるように思われる。このような，「優しさと，思いやりと，誠意と，人となり」に基づいた考え方を，ここでは「ロマンティック・イデオロギー」とよぶことにする。

　福祉だけではなく，医療や教育などの対人援助の仕事では，このロマンティック・イデオロギーが，絶対に必要な条件であることには間違いはない。「優しさも，思いやりも，誠意も」無いような援助など，とても福祉的とは言えないものになってしまうだろう。

　だからといって，福祉の仕事がロマンティック・イデオロギーだけで，十分に成り立つわけではない。ロマンティック・イデオロギーは，あくまでも必要条件であり，十分条件ではないのである。この福祉の仕事の十分条件となるものが，福祉の専門性である。

　さて，必要条件であるロマンティック・イデオロギーだけに流されてしまうと，専門職間の連携についても，その必要条件的態度の部分だけが強調されてしまう。このため，先に述べたように「みんなが同じようにケースに関わりましょう」ということが，専門職間の連携なのだということになってしまうのだろう。

　他の専門職もケースに対して同じような関わりをするのであれば，なに

も連携や協働する必要性はない。それこそ，一つの専門職だけで関われば良いはずである。専門職とは，それぞれが独自の理論的立場や，その理論に基づく援助方法をもっているからこそ専門職なのであり，おのずとケースの見立ても関わり方も異なるのである。

したがって，一つのケースに対し専門職が連携をするという場合は，必ずそこに見方や援助方法の違いがあるということを理解しておく必要がある。このため，専門職が連携し協働する場合には，ケース全体を把握し，それぞれの専門職の専門性の違いを見極めながら，そのケースの福祉向上という目的に向けて，専門職間の意見や方法論の違いを調整していく，優れた専門性をもつコーディネーターが必要となるのである。このコーディネートの機能を福祉分野で果す専門職として，今後ますますソーシャルワーカーの役割が増すと考えられる。

医師や看護師など医学に基礎を置く専門職や，心理学に基づく援助を行う心理の専門職などは，どちらかというと，個人の病理や精神面といった個人内システムに関して，非常に専門的である。しかし，人は一人で生きているのではなく，家族や社会という社会システムのなかで生活している。この社会システムとしての生活の視点は，家庭相談員や生活指導員などの専門的分野となる。また，その生活を支える就労については，職業カウンセラーや生活保護のケースワーカーなどの得意な分野である。

生活者としてケースを考える時，この個人内システムと社会システムとが密接に絡み合って，その生活が営まれているということが重要な視点となる。このため，個人内システムと社会システムのそれぞれに，深くかかわり援助する専門職とともに，それらをつなぐ専門職が必要になるのである。つまり，人と人の関係だけではなく，人と物，あるいは人と制度との関係性にも気を配ることがコーディネーターには求められ，この関係性についての専門職が，ソーシャルワーカーということになるのである。

5　施設職員の人間関係

ここまで，ケース処遇における専門職間の連携について考えてきた。そ

こでは，それぞれ異なる理論や方法論をもつ専門職が，一つのケースに連携して関わることの必要性と課題を示し，コーディネーターとしてソーシャルワーカーが機能することの重要性を指摘した。

このような視点は，さまざまな専門職が同一の職場で働いている福祉施設でも必要である。それは，施設利用者に対する援助としての連携においてはもとより，職場内の職員間の人間関係のあり方にも影響を与えるからである。施設内で働く他の職員との関係を，ロマンティック・イデオロギーの側面からだけで見てしまうと，そこで明らかになる意見の違いを，職員個人のパーソナリティの問題として捉えてしまう危険性が生じる。

このことを，事例を通して考えてみよう。

〈事例13〉

Tさんは，腎臓機能障害のため週に3日の人工透析が必要な方で，また，下肢機能障害もあり自立歩行がままならないため，身体障害者療護施設に入所されている50代の女性である。腎臓機能障害のため，医師からは一日の塩分の摂取量が厳しく制限されている。施設の栄養士は，その医師の指示を忠実に守り，塩分を控えた献立を考え，調理師は栄養士の立てた献立どおりに，Tさん用の食事を作っていた。

ある日，面会に来た娘さんがこっそりと差し入れた漬物を，Tさんが隠れて食べていたことから，Tさんを担当している介護福祉士のNさんがそれを注意した。するとTさんが，「施設の職員の方々には，本当に良くしてもらっていて感謝している。でも，私は週に3日も透析に通わなければならないし，自分で歩くこともできず，楽しみといったら食事だけなのに，それが味気なくてつらい。この年だし，もうどうなってもいいと思っている」と話したという。

N介護福祉士は，Tさんには塩分制限が必要で，それを守るように医師からも強く指示されていることを根気強く伝えたが，Tさんに「もう死んでもいいから，美味しいものが食べたい。あなたたちには，私の気持ちは分からない」と言われてしまった。

Nさんは，じっくりTさんの話を聞いているうちに，「それほどまでにTさんが辛い気持ちになっているのなら，医師の指示を少しくらい破っても，

塩気のきいたおいしい料理を食べさせてあげたい」という気持ちが起きて，他の職員にそのことを話してみた。

　看護師からは「そんなことして，Tさんにもしものことがあったらどうするの？　お医者さんの指示は絶対なのよ」と，一蹴されてしまった。栄養士からも「ダメダメ，そんなことできないよ」と返され，調理師は「私は，栄養士さんの献立どおりに調理するだけだから」との答えが返ってきた。この時，Nさんには，「この施設の職員は，冷たい人ばかりだ」という気持ちが起きたという。そして，その後，何となく職場のなかの人間関係がうまくいかないように感じ始めたという。そして，その間にもTさんが何回か隠れて漬物などを食べていることが，他の介護福祉士から報告され，施設長からNさんは呼ばれ，「Tさんが，隠れて漬物を食べないように，担当者のNさんがきちんと指導するように」と注意されてしまう。

　そこで，非常勤で施設に来ていた臨床心理士に，Tさんのことと，他職種の冷たいと思われる対応について相談してみることにした。臨床心理士は，Nさんの話をじっくりと聞いてはくれたが，特にどうしたらいいのかという具体的な助言はしてくれなかった。看護師や栄養士のように，すぐに否定したりせず，じっくりと話を聞いてもらえたことで，Nさんは少し気持ちが楽になったものの，Tさんへの対応については何ら解決には至らなかったと感じたという。

　思い余ったNさんが，生活指導員（療護施設における，ソーシャルワーカー）にこの問題を持ち込んだところ，「それでは，処遇会議でTさんのことを，施設全体の問題として扱いましょう」ということになり，処遇会議でテーマとして取り上げてもらうことができた。看護師，栄養士，それに調理師の意見は前と変わらず，処遇会議に参加していた理学療法士は，「食事の問題は，自分の職務外のことだから」という態度を，会議の終わりまで貫いていた。

　他の介護福祉士のなかには，Nさんに賛成の意見を述べてくれる人もいたが，最後に施設長が「施設内で，入所者が亡くなるというようなトラブルは，絶対に起こさないように」とまとめてしまう。そのため，Tさんへの対応としては，これまでどおりの食事のメニューを継続することと，介護福祉士がTさんの隠れ食いを未然に防ぐという対応を行っていくことになり，その日の処遇会議は終了してしまう。このため，Nさんのなかには更なる他職種への不信感が生じてしまった。

この事例から学ばなければならないことは、Nさんなどの介護福祉士が優しく、看護師や施設長といった他職種が冷たいということではないということである。ロマンティック・イデオロギーだけで、Tさんへの援助を考えると、そのような見方になってしまう危険性がある。看護師や栄養士が、医師の指示にあくまでも従おうとしたことも、調理師が栄養士の立てた献立に従って調理していることも、臨床心理士が具体的な助言をしなかったことも、施設長が施設の管理責任を常に考えていることも、そのすべてが、それぞれの専門職としての専門性、つまり専門職としての責任からの対応なのである。

ところが、ロマンティック・イデオロギーに流されると、この十分条件である専門性の違いに思いがいたらず、専門性と個人のパーソナリティとを混同してしまい、その個人が「冷たいからだ」とか、「意地悪だ」という見方になってしまい、そこに人間関係のトラブルが起き易くなってしまうのである。

福祉の十分条件である専門性の観点から、それぞれの専門性を認め、そこには当然考え方や対応の相違があるのだと分かっていれば、個人と専門性との混同は起きない。処遇会議で意見対立があり、激しく言い争ったとしても、それは専門職間の専門性の違いからなのであって、「あの人が、嫌いだから」とか、「あの人は、冷たい人だから」といった私憤にならずにすむ。

しかし、ロマンティック・イデオロギーに支配された福祉の考え方が、実際にはまだまだ福祉現場で幅を利かせていることもあって、この専門職の意見の相違と、個人のパーソナリティが混同されやすい。そこに施設職員間の軋轢が生まれ、職員の人間関係までもうまくいかなくなり、福祉職員が精神的に追い詰められてしまうことも多い。

福祉の利用者に対して、より良い処遇を行うためには、福祉職員の精神的安定が何よりも求められる。そのためにも、他職種の専門性と個人のパーソナリティを、常に分けて考えられる能力をもつことが、福祉に関わる専門職には、今後ますます求められるのだと考えられる。

さて，Tさんのケースのその後であるが，処遇会議でも不全感を感じたNさんは，ソーシャルワーカーでもある生活指導員に，再び相談した。そこで，生活指導員は関係職員だけを招集して，再度，Tさんへの対応を考える会を用意した。この会で生活指導員は，①自分の専門性を強調し，意見を言う時にはそれを前面に出すこと，②この会議で話されたことは，この会議のなかでのことで，日常の生活に持ち出さないこと，③会議後にシェアし合える時間をもつこと，というルールを提案し，参加者全員の同意をとっている。

　このルールに基づき，発言する人は「看護師の立場からは……」とか，「介護福祉士の視点からは……」と言ってから話し始めるという，具体的な方法（ルール）が参加者に示され，これも取り入れられた。このような，話し合いのなかで，感情的にならずにそれぞれの専門職が，忌憚のない意見を述べることができるようになり，それは個人の意見ではなく，それぞれの専門性からの発言であるということが，参加した人たちにも十分に理解された。

　さらに，このような話し合いと，ソーシャルワーカーである生活指導員のリードにより，Tさんに対するそれまで考えつかなかった具体的な解決策が，いくつか出てくるようになった。そのなかの一つに，Tさんの一日の塩分摂取量がおよそ1グラムだとすると，それまで「朝食で0.3グラム，昼食で0.3グラム，夕食で0.4グラムの合計1グラム」という献立を栄養士は作っていた。それを，「朝食0.1グラム，昼食に0.1グラム，そして夕食に残りの0.8グラム全部を使うという献立にしてはどうか」という提案が栄養士からなされる。そこで，このような対応が良いのか，看護師が医師に確認してみるというものがあった。

　さっそく，看護師が医師に相談したところ，医師のゴーサインが出たので，その献立で調理を行った。すると，TさんからNさんに「朝と昼は，今まで以上に味気ないけど，朝と昼は薬だと思って食べています。でもね，夕食がおいしくて，おいしくて，ありがとうございました」と感謝が述べ

られたという。そして，Tさんの隠れ食いも無くなり，Nさんもホッとしたと話している。

　ここに，ソーシャルワーカーの優れたコーディネーターとしての役割が見てとれる。このように，人と人の関係だけではなく，そこに介在する物（食事など）との関係も視野に入れながら，意見の異なる専門職間の調整を行っていくことが，ソーシャルワーカーとしての重要な職務として，今後ますます求められていることが理解されると思われる。

6　家族支援の視点と方法

　ソーシャルワーカーの大切な職務に，クライエント本人への援助だけではなく，クライエントを取り巻く社会システムへの援助がある。特に，家族はクライエントにとって最も身近で，お互いに強く影響し合っているため，家族システムへの支援はクライエントの福祉向上のために非常に重要となる。

　たとえば，入院していた統合失調症のクライエントが，病状が安定して退院した場合，家族の対応いかんによって，再発や病状の悪化が抑えられたり，反対に病状がすぐに悪化したりして，再入院となってしまうことがあるという。また，働き盛りの家族の一人が疾病や事故のために受傷し障害を有することになると，家族全体が経済的にも精神的にもダメージを受けてしまい，そこから派生した副次的な問題を生じてしまうことがある。

　ソーシャルワーカーは家族に働きかけ，このような家族の課題を，家族がそれぞれのやり方で解決し解消していくための支援を行う。そのことによって，副次的に生じる新たな問題の予防にもつながると考えられる。

　家族へのソーシャルワーカーの支援として，家族療法の考え方や手法が参考になる。家族療法では，家族をシステムとみなす。システムは，単に個々の成員の集合ではなく，そのシステム独自の動きがある。その動きの一つは，システムに何らかの問題が起きると，システムは元に戻ろうとする動きを見せる。これを，システムの一次的変化という。もう一つの動きは，新たなシステムへと変化しようとする動きであり，これをシステムの

二次的変化という。

　日常的には一次的変化によって，家族システムは安定し，家族を維持していくことができる。しかし，家族システムに大きな課題が持ち上がると，一次的変化だけでは対応しきれなくなる。たとえば，それまで元気だった祖母が，認知症を発症したり，寝たきりになったりした時には，それまでの対応の仕方で元の状態に戻そうとする一次的変化だけでは，安定は保てずに，より問題が深刻になってしまうことがある。

　そこで，認知症や寝たきりの高齢者を介護しながら，家族の生活を安定維持していくために，それまでとは異なった家族システムへと変わる二次的変化が必要となる。しかし，システムは一次的変化を起こし易いため，家族だけで対応しようとすると，どうしても一次的変化に囚われてしまう。さらに，問題をこじれさせる悪循環に陥ってしまう。このような，一次的変化に囚われ悪循環に陥ってしまった家族の解決努力を，家族療法では偽解決とよんでいる。家族は，問題に対して何もしていないのではなく，解決しようとして，さまざまな努力を行うが，結果的にそれが問題を維持し継続してしまうとの考え方である。

　子どもが不登校状態を示した場合，親は説得したり，無理やり学校に連れて行こうとしたりするなど，「毎日，子どもが登校している」という，元の状態へと戻そうと，一次的変化によって対応しようとする。この対応でうまく行けば，それはそれで問題解決である。しかし，親が何とか登校させようとすればするほど，子どもが反対に登校を強く拒否するようになったとしたら，一次的変化による対応は逆効果である。

　ところが，親はその逆効果の対応に固執してしまう。つまり，一次的変化に囚われた偽解決を続け，子どもはますます不登校を継続してしまうことになる。これは家族が悪いということではなく，そのシステム内にいると偽解決が見えなくなってしまうためである。

　そこで，そのシステムにとっては第三者である援助者がシステムに介入することによって，偽解決を繰り返して悪循環に陥っているシステムに二次的変化が起きるように援助することが必要になるのである。

この場合，どんなに悪循環にはまり込み，偽解決を繰り返しているように見えるシステムでも，そこには必ず二次的変化も生じているとの前提が大切になる。そして，システム内の成員が，その二次的変化に気づいていないだけであり，「悪循環から抜け出している時」が必ずあると考える。家族も気づいていない，悪循環に陥らないですんだ時や，その時の状況を，家族療法では例外という。

　したがって，家族システムへの具体的援助としては，家族の気づいていない例外を，援助者が丁寧に聞き出していくことになる。そこで出された例外を，家族とともに援助者が紡いでいくことが援助となる。この例外を聞き出し例外を膨らませていく方法に，ソリューション・フォーカスト・アプローチなどがある。さらに，近年はナラティブ・アプローチが家族療法の分野でも盛んになってきている。ナラティブ・アプローチでは，例外よりもより積極的に問題に対処している状態を，ユニークな結果とよんで，それを援助に活かしていく。

　また，事実は変えずにその意味内容を変えることによって，二次的変化に気づき，さらにそれが生じやすくする援助として，MRI アプローチからのリフレーミング技法やパラドックス（症状処方）などがある。

　リフレーミングでは，ケンカばかりしている息子たちのことを，「毎日，些細なことですぐにケンカするので困っています」という母親に，ケンカをしているという事実は変えずに，「元気の良い息子さんたちですね」と援助者が返す。この援助者の返しが，「ケンカ＝悪いこと」という母親の考え方に影響を与え，「そうですね。元気の良いことだけが，取り柄みたいな子どもたちなので」などと，「ケンカ＝元気が良いこと」という新たな話が展開されやすくなる。

　これは，リフレーミング技法のなかでも，形容詞の置き換えによるものである。「小学生のお母さんの一番の悩みがきょうだいゲンカらしいですよ。小学生にとってきょうだいゲンカは仕事みたいなものですね」と援助者が返したとすると，「うちの子どもたちだけではないのだ」という，一般化によるリフレーミングになる。

また，「一人っ子が増えて，きょうだいゲンカしたくてもできない子が多いのに，お宅のお子さんは幸せですね。子どものときに，きょうだいゲンカをたくさんした子どもの方が，大人になってから人との関係がうまく行くそうですね」と返せば，きょうだいゲンカによりプラスの意味づけを与えることになる。
　このように，今後はますますソーシャルワークの専門性に，家族心理学の知見が取り入れられていくことが予想される。

> **コラム 9**

家庭訪問

　家庭訪問による援助でも，他の援助と同じようにプラスとマイナスの影響があるため，援助者はそれを把握したうえで行うことが重要になります。

　家庭訪問の効用としては，話を聞くだけよりも的確に対象者の生活状況を把握することが可能になります。生活環境のなかに，対象者も気づいていない役立つリソース（資源）が埋もれていることも多くあり，家庭訪問でそれを発見することで支援の幅が広がる可能性が出てきます。

　一方で，対象者にとっては自分のプライベート空間に他者が侵入してくるわけですから，それを脅威と感じて防衛的になることがあります。このため，対象者が攻撃的になり，援助者が対象者から暴力を受けることも，実際には多くの援助活動の現場で起きています。家庭訪問をする場合には，常に相手の土俵に上げてもらうという意識と関係作りのふるまいに注意しておくことが，トラブルを最小限に抑えるためにも大切になります。

　具体的にみると，相談援助活動としての家庭訪問にはいくつか異なるパターンがあります。たとえば，虐待を疑われる家庭など相談援助者の訪問を歓迎しないケースや，予期不安の高い相談者の場合は，訪問する前に連絡をしません。このため，訪問しても会えないことや，相手が防衛的になることを覚悟してかからなければならなくなります。

　反対に，援助を強く求めているケースでは，あらかじめ訪問する日時を伝えておくことが援助的になります。何日の何時には援助者が家に来てくれるということが分かっているだけで，安心してもらうことができるからです。うつ病などで自殺の危険性が高い人の場合，この訪問日時の連絡が自殺予防につながることもあります。

　また，家庭訪問ではできるだけ1人の援助者だけで行うことをさけ，2人で訪問するようにします。3人以上になると，対象者に無言の圧力をかけてしまうことにもなります。

10章 発達障害と家族

近年，注意欠陥多動性障害（AD/HD）や学習障害（LD），それにアスペルガー症候群といった，発達障害についての関心が高まりを見せている。公教育の領域でも，特別支援教育として発達障害児への対応とその支援体制の整備が進んできている（文部科学省，2005）。これまでの特別支援教育は，主に小中学校で取り組まれてきたが，最近では高等学校における支援の必要性も検討されるようになってきている（近藤・光真坊，2006）。

小中学校での特別支援教育では，対象児童生徒の学習支援と学級や学校集団への適応能力を高める取り組みがその中心的課題となる。一方で高等学校における特別支援教育では，卒業後の進路選択を視野に入れた対応についても重要な課題となることは，一般の高等学校教育と同様である。このため，教育支援から就労支援までもが特別支援教育の対象範囲となってきた（柴田，2005）。また，高等学校卒業後をふまえた指導では，単なる就労支援だけではなく，社会的自立に向けての支援が必要となり，余暇の過ごし方や社会人としてのマナーや一般常識的なふるまいの学習も援助プログラムの大きな柱とされてきている。

また，発達障害への援助は就学してから開始されるよりも，幼児期からの継続的な支援がもっとも効果的である。このため，市町村の発達健診では，発達障害の早期発見と早期療育に力を入れはじめている。さらに，幼稚園や保育所の教諭や保育士を対象にした，発達障害の理解や対応についての研修が行われるようにもなってきている（図10-1，図10-2）。

しかし，現実には発達障害への理解と支援は十分とはいえない。実際には脳の機能的な偏りから生じる発達障害のさまざまな問題行動を，親の養

育態度を原因とみなして親を責めてしまったり，障害をもつ本人の努力や性格のせいにしてしまったりして，問題をより複雑なものにしてしまうことがある。

　たとえば，子どもの多動性を，自分のしつけ方の拙劣さのせいではないかと悩んだ母親が，虐待に走ってしまったり，漢字だけが覚えられない子どもが，劣等感を強めてしまったりする。また，他者とうまくコミュニケーションがとれないことで，子ども自身が周囲を怨んだり，引きこもってしまったりするなど，他の問題が生じてしまうことがある。このような，発達障害それ自体の症状ではなく，副次的に生じた問題を二次障害という。

　特に，物へのこだわりが強く，興味関心の範囲が偏っており，場の空気や他の人の感情が理解できず，対応の難しいパニックを起こすことがあるアスペルガー症候群については誤解も多い。そこで，発達障害のなかでもアスペルガー症候群を取り上げ，家族援助の視点から検討していく。

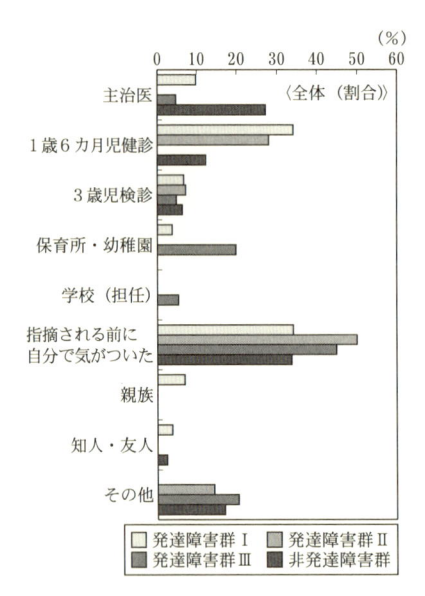

図10-1　発達障害の気づきのきっかけ
　　　　（何・誰からの指摘）

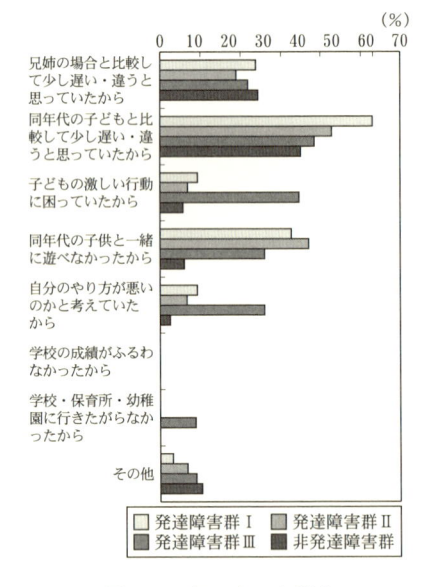

図10-2　気になった理由

1　アスペルガー症候群とコミュニケーション

　アスペルガー症候群の人は，情動をもてないから情動共有経験が作れないのではなく，自分のもつ情動と周囲の健常者がもつ情動がずれる（gap）ために，それを共有する経験をもてないとも考えられ（太田，2006），援助者側が情動的にかかわると混乱してしまうことになる。このため，情動によるコミュニケーションを行わず，言語内容を丁寧になぞっていく言語的追跡を中心にコミュニケーションを図ることが重要となる。

　つまり，アスペルガー症候群の人とのコミュニケーションでは，文脈よりも内容を重視した対応が求められるのである。しかし，健常者のコミュニケーションは，第5章で述べてきたように，文脈を中心に行われることが多い。ここに，アスペルガー症候群の人とのコミュニケーションの難しさが生じる。

　特に一般の親や教師は，感情の交流こそがコミュニケーションであると考えてしまうことがあるため，気持ちを理解させようとしてしまう。たとえば，「お兄さんなのだから，妹の気持ちを考えてあげなさい」とか，「そんなことをすると，お友だちはどんな気持ちになるかな？」などと，相手の感情や気持ちを考えさせるような対応をしがちである。ところが，アスペルガー症候群の方は，この相手の気持ちが読めないこと，あるいは読んだと思った感情が一般の人の気持ちとズレているところが問題なのであるから，このような対応は，アスペルガー症候群の人にとっては苦痛以外の何ものでもない。

　そこで，家族への援助としては，アスペルガー症候群の方とのコミュニケーションの取り方を学んでいただくことが必要となる。それは，家族などの援助者のコミュニケーション・パターンを，文脈重視から内容重視に切り替えていくことである。つまり，アスペルガー症候群の人には内容のみを伝えていき，反対にアスペルガー症候群の人が語ったことについては，その裏の意味を考えずに，素直に内容のみを受け取るようにしていくようにする。このようなコミュニケーションをとることによって，アスペルガー

症候群の本人もその家族も,適切な対応ができるようになるのである。

ところが,その援助を行う専門職である臨床心理士などが,この理解ができていないことが多い。これは,臨床心理士の多くが「受容・共感」を,心理援助において金科玉条としているところに問題があると思われる。杉山(2005)は,「スクールカウンセラー(臨床心理士のこと)の大半は,発達障害の知識も経験も欠落していて役に立たないのが現状であり,しばしば有害ですらある。たとえばこのグループ(発達障害のこと)の『不登校』に対して『登校刺激を行わない』という対応は,一般的に完全な誤りである」と,このことに警鐘を鳴らしている。　　　(※下線部は筆者の注釈)

2　アスペルガー症候群への援助の実際

発達障害の援助の基本は,日常教育活動のなかに治療教育的援助をいかに包含していくかという視点である。治療教育はこの日常の積み重ねが大切であり,大部分のスクールカウンセラーの勤務体制である週1日程度の限られた時間のなかでそれを実践することは困難であろう。つまり,特別支援教育に対するスクールカウンセラーの対応は,問題行動を示す子どもにカウンセリングや臨床心理的援助を行うという対応から,日常的に治療教育的援助を行っている学級担任や養護教諭への臨床心理的援助をより重視する方向に,活動の力点を移して行くことが求められていると考えられる。

同じことが,家族への支援にも求められる。家族が,日常生活においてアスペルガー症候群の子どもに,いかに療育的な関わりが行えるかが求められる。このため,スクールカウンセラーなどの臨床心理士には,親を共同援助者としていくための関わりが必要となるのである。

親や教師に共同援助者となってもらうためには,彼らへのカウンセリングと並行して,心理教育的な技法が用いられる。

a　親や教師の不安や悩みの軽減と動機付け

発達障害の子どもを育てている親や,担当している教師は,子どもの問

題行動などの原因を，自分たちの関わり方のまずさからくるものと考えてしまうことがある。また，「親の関わり方が悪い」とか，「しつけがなっていない」，「教師としての力量不足」など，周囲の発達障害についての無理解による，言われの無い非難を受けることもある。これらのことから，親や教師が無力感に陥っていたり，自己否定的になっていたり，発達障害の子ども自身への攻撃性が示されたりしてしまう。

　そこで，第一には親や教師の不安や悩みを受け止め，その軽減を図ることが必要となる。この段階では，カウンセリングの基本技法である，「受容・共感的」な対応が大切である。しかし，このような関わりは，一時的な親や教師の不安軽減にはつながるが，親や教師を共同援助者とする働きかけにはならない。また，発達障害の子どもと生活をともにしている人にとっては，子どもの発達や環境の変化によって，日々新たな課題や悩みが生じる。このため，このような関わりだけでは，いつまでもカウンセリングを続けていかなければならなくなり，実際にはそれは困難である。

　そこで，カウンセリングと並行して，親や教師の共同援助者としての動機付けを高めていくための心理教育が必要となる。この心理教育を行う上で大切なことが，親や教師の子どもの状態の理解と，発達障害についての正確な知識や情報の援助者との共有である。親や教師が発達障害について正確な知識をもつことで，それまで自分を責めていたことから解放されることになる。また，子どもの将来の見通しが立ち目標をもつことで，不安が軽減され，目標に向かって「今，何をすべきか」が明確になることで，共同援助者としての動機付けが高まることになる。

b　親や本人，教師への障害の説明

　効果的な援助を行う上で大切なことは，本人はもちろん，親や教師など援助する側が本人に障害のあることを理解していることである。この，障害について伝える作業がなかなか難しい。医学的な診断を行った病院や，判定を行った児童相談所などの機関で伝えてもらうことが良いと思われるが，なかなか診断名を伝えないところも多い。また，障害の説明をするこ

とと，診断名だけを伝えることとは，別であることの理解も進んでいない。そこで，私案として筆者が行っている障害の説明について述べることにする。

医学的診断や判定を受けて障害が認められた場合に，医師と相談の上で次のような段階で，親や教師，そして本人に障害の説明をしている。

(1) 保護者（親）への説明

就学前に行うことがもっとも効果的であるが，ケースによっては，面接のなるべく初期に行う。障害名を伝えるというより，本人のさまざまな問題行動や育てにくさは，本人の発達の偏りであることを十分に説明する。そして，親の関わり方が良くなかったのではないことを伝え，子どもの偏りに合わせた関わり方を周囲が行うことで，問題行動の減少や適応的な行動が身に付いていくことを知らせる。

この保護者への説明は，援助の過程で何度も行うことが大切である。また，具体的な関わり方を示しながら伝えることが効果的である。

(2) 教師などへの説明

保護者の同意を得て，教師などの援助者への説明を行う。多くは入園や入学時に行うが，教師などが対応に苦慮した時に行うと，説明が入りやすい。

また，学級経営の一環として周囲の子どもたちに伝える方法も，用いている。これは，他の子どもに障害名を伝えるということではない。授業のなかで，クラス全員の「長所と課題」を出させ，A君，Bさん……それぞれの長所と課題を考えさせた後で，すべての子どもたちが個性をもっており，良いところと課題があることを理解させる。そのなかで，障害をもった子どもの課題として，問題行動などを他児にも認めさせ，それぞれの子どもが，自分の課題を他者の良い面で補い合うこと，他者の課題を自分の長所で手伝うことを学ばせる。

この方法を用いると，教師が発達障害の子どもに特別な対応を行ったことで，他児から「○○君だけ特別扱いだ」などの批判を受けた時に，「それは，○○君の課題だからですよ」と説明することができる。

(3) 本人への説明

　本人に障害の説明をすることで，不登校や他者とのトラブル，非行や情緒的な不安定さなどの二次障害の予防につながる。本人が自分の障害に気づいていないと，周囲とうまく付き合っていくことができない自分を責めたり，逆に周囲を怨んだりすることがある。うまく付き合えないのは，本人や周囲が悪いのではなく，発達の偏りのためであることを知ることが，対応の仕方を学ぼうとすることにつながる。また，自分のうまくできないところを，他者に助けてもらうこともできるようになる。
　本人への障害の説明はその人の状況にもよるが，できれば中学生ごろの思春期に行うことが良いように考えている。

　障害の本人への説明に関して望月（2006）は，職業選択の場面で障害に向き合う若者の課題として，「通常教育に在籍した発達障害のある若者の場合，職業選択の時点まで『障害がある』という現実に直面する機会を持ち得なかった事例が多いといえます。言い換えると，本人の障害理解は，職業選択における経験を通して行われることが多いのです。しかし，『大人になったら障害ではなくなる』が現実的ではないことが，うすうすわかってきても，心理的防衛反応として障害を否認したいという気持ちが強いのが実情ではないでしょうか。したがって，挫折体験（初職入職困難）や喪失体験（離転職・一般扱いとしての正規職員という地位の喪失）があったとしても，『一般扱いで就職したい』というこだわりを捨てられず，まだほかに自分に適した仕事があるのではないかという思いをもち続けることになります。健常者としての自己像を否定せざるを得なくなるという経験の意味は，自分の存在そのものを否定されるほどに，この上もなく重いものです」と述べている。
　つまり，自身の障害について説明されてこなかった発達障害者は，就労意欲はあるものの，その意欲と希望する職種や職場の現実とのズレに，自己の障害のために気づかず，ミス・マッチングが起き，その結果として社

会からの逃避や引きこもりを生じることが多くなる。また，自己の障害理解が不十分なために，周囲が就労支援体制を提示しても，それに乗ることへの強い抵抗が示されることになる。これは，就労に限った問題ではなく，進学や配偶者選択などとも絡んでいく。ここに，本人への障害説明の必要性が示されていると考えられる。

c 具体的な対応の共有

アスペルガー症候群の方との関わりは，語られる話を否定せずに肯定的に援助者は聞くが，感情への焦点化や情動を揺さぶらないようにしなければならない。アスペルガー症候群の方の語る話は，独特の興味や認識の偏りに基づいており，現実離れしたイメージに基づいて（小川・内山，2005）いるなどの傾向がある。このため，彼らのその現実離れしたイメージを他者が言語的に修正しようとしても困難である。

彼らは他者からの言語的教示によって行動を修正することは困難でも，自らが行動した結果の成否によって行動を修正することの方が，自らのプライドを傷つけなくても済むことになる。しかし，家族は，アスペルガー症候群の方に対しても，情動で対応してしまうことになり，お互いに混乱してしまう。たとえば，「親がこんなに心配しているのに，何で分かってくれないの」などという親の訴えが，その辺りの事情をよく現していると思われる。「親が心配している」ということが，アスペルガー症候群の子どもには分からないこと，つまり日常生活で雑多な情報から他者の心を素早く読んで行動することはできない（Bowler, 1992）というアスペルガー症候群の特徴を家族にも十分に理解してもらうことが大切になる。

この対応の基本姿勢に基づき，具体的な対処行動を学習させるプログラムを家族や教師とともに，個別に作成していくことになる。筆者がよく用いているのは，行動療法の技法の一つであるトークン・エコノミー法である。ここでは詳しい解説はしないが，トークン・エコノミー法を用いることによって，家族自身がアスペルガー症候群の人とともに，日常で援助目標を決めていくなどトークン・プログラムの作成ができるようになる。加

えて，アスペルガー症候群の本人が自分用のトークン・プログラムを作れるようになり，自己コントロールが可能となることを最終目標としている。

コラム10

発達障害

　発達障害者支援法は，発達障害を「自閉症，アスペルガー症候群その他の広汎性発達障害，学習障害，注意欠陥多動性障害その他，これに類する脳機能の障害」と定義しています。かつてはこれらを精神発達遅滞などと分けて「軽度発達障害」とよんでいましたが，「軽度」の範囲が明確でないため，文部科学省は2007年3月15日に原則使用しないこととしました。

　具体的には，①AD/HD（注意欠陥・多動性障害）は集中力に欠け注意がそれやすく，多くの場合多動を伴う，②LD（学習障害）は文字の読み書きや計算，推理といった特定の能力に極端な遅れが認められる，③アスペルガー症候群はものへのこだわりが強く，興味関心の範囲が偏っており，場の空気や他の人の感情が理解できないなどの特徴があげられます。明確な原因はまだ明らかになってはいませんが，脳の働き（機能面）の偏りが原因ではないかと，多くの研究者は考えています。

　これらの子どもは，知的には障害がないため普通学級に在籍していることが多く，その障害のために集団になじめなかったり，他の子どもとトラブルを起こしたりすることがあります。このため，周囲から問題児として見られたり，親のしつけが悪いなどと言われたりして，本人や親が傷つくことがあります。そして，この傷つきから不登校や引きこもり，非行などに走ってしまうこともあります。これを，二次障害とよびます。

　これらを治すことは，現在の医学でも困難なのですが，適切な指導や教育を行うことで，行動面の改善は十分に可能です。また，適切な対応がなされれば，二次障害の予防にもつながり，社会的自立も問題ありません。そのためにも，支援では早期診断と早期に援助を開始することが求められます。

　また，毎日の日常的対応が大切になります。カウンセラーなどが週に1度，それも1時間程度の面接やセラピーで対応しても，ほとんど効果はありません。したがって，子どもたちに日常的に対応している親や教師を援助者として育成していくことが，最も効果的な支援となるのです。

11章　家族問題の解決に向けて

＊＊＊＊

　家族心理学の理論に基づき，家族成員間の関係性を変え，さまざまな家族の問題や課題を解決していく家族療法では，面接の場面に家族成員全員が参加していただくと，援助する側もその場で家族間のコミュニケーション・パターンや，その歪みを直接見立てることができるために，解決への介入がしやすいと考える。このため，初期の家族療法では，面接場面にできる限り家族成員全員の参加を求めることがあった。

　しかし，最近では相談者とセラピストが一対一で個人面接をしていても，その相談者の後ろにその場には参加していない家族成員や家族システムを見立て，そのシステムなどを個人面接のなかで変化させるように働きかける援助であれば，家族療法であるとされてきている。このような働きかけを，岡堂（1993）は「家族なしの家族療法」とよんでいる。

　ここでは，家族療法の基本的な考え方を示した上で，新しい家族療法のなかから「ソリューション・フォーカスド・アプローチ」について概説する。

1　面接の主体性について

　先に述べたように，初期の家族療法では，面接場面にできる限り家族成員全員が参加することを求めていた。この場合，家族成員の誰と誰を面接場面によぶかを決める決定権もセラピストの側にあると，家族療法家は考えている。つまり，面接の主体性はセラピスト側にあるとする。個人カウンセリングと家族療法の大きな相違点の一つが，この「面接の主体性が，セラピスト側にあるのか，相談者（クライエント）側にあるのか」という

点でもあろう。家族療法でいう面接の主体性をセラピストがもつということは，決して相談者を尊重しないということではなく，面接における「責任」を，常にセラピストがもつという意味である。

平木（2003）は，このセラピスト側の責任性について，「家族療法を実施するに当たって，家族メンバーに集まってもらうのは，基本的に家族療法の必要性から，家族療法家が求めていることであって，セラピーの申し込みをした人の責任ではないということです」と述べている。そして，セラピストが責任をもって面接の契約を行い，責任をもって誰に来てもらうかを決めるため，来ていただく方々に対して「出席協力の依頼」もセラピストが行うのであるとしている。

このため，子どもの問題で相談に来ている母親に，「次回はお子さんを連れてきてください」とか，「お父さんにも面接に参加していただけるように，お母さんから話してください」といった対応を，基本的には家族療法家は行わない。このような対応は，子どものことで悩まれて相談に来ている母親に，新たな難問を押し付けてしまうことになる。セラピストがその専門性から，子どもや父親の面接への参加が必要であると判断したのであれば，その参加を促す責任もセラピストがもつと考えるのである。

2　家族成員の構造と関係性の把握

面接場面に家族成員全員が参加すると，まさにそこに家族の構造や関係性が表現されることになる。個人面接でクライエントが話す内容からセラピストが推測して考える家族関係ではなく，セラピストの目の前で展開される家族成員間の相互作用の方が，家族関係を正確に査定するための多くの情報が提示される。

たとえば，座る位置や距離に家族の構造が示されたりする。母子が寄り添うように座り，父親が少し離れた所に座っていたりすると，母子関係が密着しすぎており，父親がその関係から疎外されていることが見てとれる。問題行動を示す子どもが，一人ポツンと座り，他の成員がその子と対峙するように座った場合には，家族のなかでこの子どもに対して対立的な構造

があることが分かる。

　また，面接中のコミュニケーションのあり方を観察していると，そこにその家族のもつ独特のコミュニケーション・パターンが現れてくる。親世代と子ども世代での文脈のズレが明らかになったり，夫婦間でのコミュニケーションのすれ違いが見られたりする。

　さらに，家族は家族内に問題が生じると，元の状態に戻ろうとする一次的変化を起こそうとし，その家族なりの解決を図ろうとする。しかし，この解決への努力が問題行動などを継続させてしまう要因となっている場合がある。この解決のための努力が問題行動を継続させてしまっていることを，「偽解決」とよんでいる。家族の偽解決パターンも，家族全員が参加している面接では，容易に観察することが可能となる。

3　解決に向けての関わり

　ソリューション・フォーカスド・アプローチでは，解決は問題から全く離れたところにあり，問題と解決は別のものであると考える。この考え方を図に示したものが，図11-1 である。

　私たちは問題が生じると，その問題で生活や人生の全体が覆われてしまうような気になる。図では「問題・症状」と示している中の ◯ の部分である。しかし，その人の生活や人生を考えると，問題を内包しながらもうまくできている部分，図の外側の「生活・人生」の領域が存在しているのである。

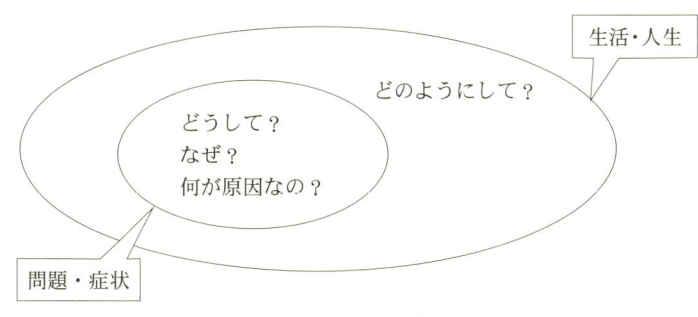

図11-1　問題のとらえ方

これまでの心理的援助の多くが,「問題・症状」の部分にアプローチし,その問題の原因を探り,原因を取り除くことで解決を図ろうとする対応であった。このため,そこでは「なぜ,問題が生じたのか？」,「何が原因なのか？」という問いかけとなる。このような対応に対して,問題と解決は別のところにあるとするソリューション・フォーカスド・アプローチでは,うまくできているところに焦点を当てていくため,「どのようにして,うまくできてきたのか？」という問いかけとなる。原因探しは悪者探しとなってしまうが,うまくできているところに視点を移すことで,悪者探しをする必要がなくなる。

　つまり,「人は問題をもちながらも,その人なりにうまくできているところを常にもち続けているが,問題に目を奪われているために,そのうまくできているところに気づかずにいる」と,ソリューション・フォーカスド・アプローチでは考えるのである。そして,そのうまくできているところに気づかせ,うまくできているところを膨らますことで,新たな解決を構築することが「解決」であるとする。

　このうまくできているところに気づかせ,解決を構築していく質問の仕方が,ソリューション・トークとよばれる一連の質問技法である。

4　ソリューション・トーク

　図11-2に,ソリューション・トークの簡単な流れを示した。ソリューション・トークを用いるからといって,すぐにソリューション・トークに入っていくわけではない。まずは,他の心理面接と同様に,「関わり行動」,「ジョイニング,あるいはラポール形成」を行いながら,十分に「クライエントの話を聞く」ことから始める。

　ソリューション・トークに入るタイミングとしては,①クライエントが悩みをある程度語った後で,「どうしたらいいでしょうか？」などと,セラピスト側に解決策を尋ねてきた時,②クライエントが悩みを語りながら,沈黙やため息などがでてきた時,③クライエントの語りが堂々巡りとなり,同じ話を何度もするようになってきたり,的を射なくなってきた時などで

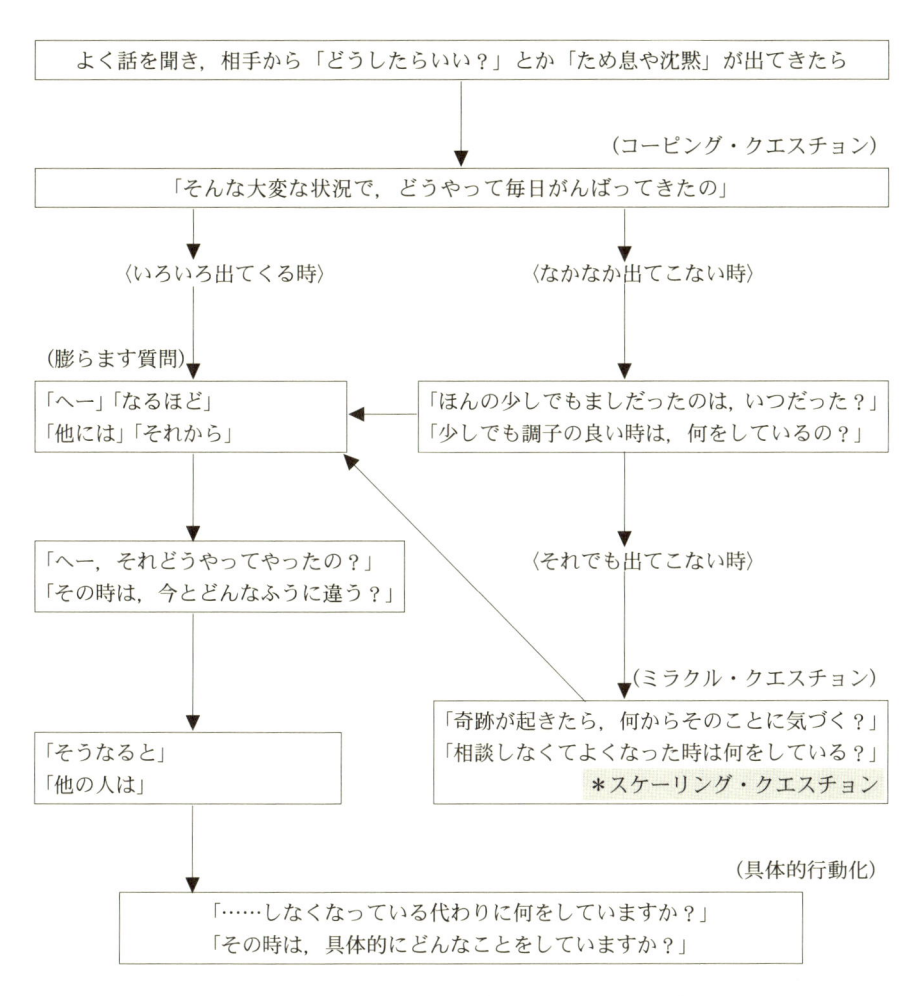

```
┌─────────────────────────────────────────────────────────┐
│ よく話を聞き，相手から「どうしたらいい？」とか「ため息や沈黙」が出てきたら │
└─────────────────────────────────────────────────────────┘
                            │
                            ▼                    （コーピング・クエスチョン）
┌─────────────────────────────────────────────┐
│ 「そんな大変な状況で，どうやって毎日がんばってきたの」 │
└─────────────────────────────────────────────┘
         │                              │
   〈いろいろ出てくる時〉           〈なかなか出てこない時〉
         │                              │
（膨らます質問）                        ▼
         ▼                 ┌──────────────────────────────┐
┌──────────────┐         │「ほんの少しでもましだったのは，いつだった？」│
│「へー」「なるほど」│◀───────│「少しでも調子の良い時は，何をしているの？」│
│「他には」「それから」│        └──────────────────────────────┘
└──────────────┘                        │
         │                       〈それでも出てこない時〉
         ▼                              │
┌──────────────────────┐                │
│「へー，それどうやってやったの？」│       （ミラクル・クエスチョン）
│「その時は，今とどんなふうに違う？」│       ▼
└──────────────────────┘     ┌──────────────────────────────┐
         │                   │「奇跡が起きたら，何からそのことに気づく？」│
         ▼                   │「相談しなくてよくなった時は何をしている？」│
┌──────────────┐             │          ＊スケーリング・クエスチョン    │
│「そうなると」   │             └──────────────────────────────┘
│「他の人は」    │                        
└──────────────┘                  （具体的行動化）
         │
         ▼
┌────────────────────────────────┐
│「……しなくなっている代わりに何をしていますか？」│
│「その時は，具体的にどんなことをしていますか？」│
└────────────────────────────────┘
```

図11-2　ソリューション・トーク（解決を引き出す質問）の流れ

ある。

　①や②の場合には，タイミングを掴みやすいが，難しいのは③の話を中断させる時である。③の話が堂々巡りとなってきた時には，「ここで，これまでの話をまとめてみたいのですが」などと提案しながら，セラピストの方がクライエントの話を遮り，要約技法を用いてそれまでの話題を簡潔にまとめた上で，ソリューション・トークに入っていくことになる。

11章　家族問題の解決に向けて

ソリューション・トークでは，まず第一に「すでにクライエントが行っている解決への努力」を問うことになる。これをコーピング・クエスチョンという。コーピングとは，その人がすでに行っている対処のことである。具体的には，「そのような大変な状況で，どうやってがんばってきたのですか」という問いかけになるが，ここには，クライエントの解決努力を問うというだけではなく，クライエントがすでに行ってきている努力へのねぎらいや敬意の気持ちが込められており，コンプリメント技法ともつながる側面がある。この問いかけにより，クライエントから解決努力が語られ始めたら，図11-2の左側の流れに沿いながら，その解決努力を膨らましていく質問を行っていく。「なるほど」，「他には」，「それから」などのセラピスト側の対応が「膨らます質問」ということになる。この膨らます質問では，さらにうまくいっている時と，うまくいかない時の差を明確化すると効果的である。そこで，うまくできていることが出てきた場合には，「それは，どうやってやったのですか？」とか，「うまくいっている時は，今とどんなふうに違うのですか？」といった質問を行う。

　このように，個人内の解決努力を膨らませながら，その個人の後ろにある家族システムの変化を狙う質問として，「あなたがうまくできている時，お父さんはどうしていますか？」，「あなたがそうなると，子どもはどうしていますか？」などのように，「他の人は？」という関係性の質問を行っていく。もちろん，ここでは「お父さんが，そういうふうにしている時は，あなたはどんなことをしていますか？」と他の家族成員がうまくできている時に，クライエントがどうしているかといった逆方向の関係性も聞いていくと，より効果的になる。

　そして，最後は①なるべく小さく，②日常的で，③毎日行うことが可能で，④具体的な行動をたくさん出してもらうようにしていく。これを，具体的行動化という。うまくいっている時のことを聞いていくと，多くの人が「気持ちが落ち着きます」とか，「イライラしなくなっています」などの，情緒的で抽象的な表現をしがちである。しかし，ソリューション・トークでは必ず具体的な行動レベルにすることが大切である。そのため，情緒

的，あるいは抽象的な言葉に対しては，「イライラしなくなっている時は，何をしていますか？」，「あなたは落着いている時は，具体的にどんなことをしていますか？」といった質問を行う。

具体的な行動がいくつか出てきたところで，そのなかの一つか二つを行ってもらうように助言していくことで，ソリューション・トークは終了ということになる。

コーピング・クエスチョンを行って，クライエントが自発的にたくさんの解決努力を語り始めた時の流れを示したが，なかなか解決努力が出てこない場合には，図11-2の右側の流れになる。一つは，「ほんの少しでもましだったのは，いつでしたか？」という問いかけである。あるいは，「少しでも調子のよい時には，何をしていますか？」との質問で，どちらとも「あなたには，すでによい時がありますよね」という前提を使った質問となっている。これを「少しでもましだった時がありますか？」と有るか無いかで聞いてしまうと，クライエントは「無い」と答えてしまい，そこからは解決の構築が難しくなってしまう。

この前提を用いた質問によって，いくつかの解決努力が出てきた場合には，図11-2の左側に戻っていけばよい。しかし，前提だけではなかなか解決努力が出てこない場合に，ミラクル・クエスチョンやスケーリング・クエスチョンを用いることになる。ミラクル・クエスチョンは，「奇跡が起きて，あなたの問題がすべて解決しているとしたら，どのような小さな変化でそのことに気がつきますか？」という質問で「奇跡が起きて」というところから，このネーミングとなっている。その他，「この問題を相談しなくてもよくなっている時には，どんなことをしていますか？」という質問で，どちらも解決後の未来を聞くところから，タイムマシン・クエスチョンと考えることができる。

スケーリング・クエスチョンとは，現在の状態を物差しの上に数値で示してもらう方法で，「非常に状態が悪い場合が0点，その問題がすっかり解決した状態が10点だとすると，現在の状態は何点ぐらいですか？」と問うものである。クライエントが「3点」と答えたら，「どうやって2点か

11章　家族問題の解決に向けて

ら3点に上げたのですか？」とか，「それが4点になった時は，今と違って何をしていますか？」などと聞いていくことができる。クライエントが「4点なんて難しいですよ」と答えても，「そうですね，一気に4点は難しいですね。では，3.5点の時はどうでしょうか？」などとさまざまな質問のバリエーションが可能となる。たまに「0点です」というクライエントがいたとしても，「そうですか，どうやって0点をキープされているのですか？」とか，「どうやって，マイナスに落ちないようにしておられるのですか？」などと解決を聞いていくことができる。

　ミラクル・クエスチョンやスケーリング・クエスチョンを用いて，解決努力がクライエントから出てきたら，やはり図11-2の左側に戻って進めていけばよいことになる。

　ソリューション・フォーカスド・アプローチは，セラピストが最後に出す助言も，元はクライエントがすでに行っている解決努力であるのだから，クライエントにとっても負担が少なく行いやすいという点と，副作用が全くないという点が使いやすいところである。

コラム11

説得話法

　社会心理学で研究されてきた効果的な説得法に，「フット・イン・ザ・ドア・テクニック」「ドア・イン・ザ・フェイス・テクニック」「ロー・ボール・テクニック」などがあります。

　フット・イン・ザ・ドア・テクニックは，はじめに相手が受け入れやすい提案や要求をして，それを受け入れさせた後で，より難しいと思われる要求を承諾してもらう方法です。たとえば，最初に「ちょっと，アンケートに協力してください」と要求します。「アンケートに答えるくらいなら」と，その要求を受け入れると，「それでは，そこの事務所まで来ていただけますか」と，次の要求をします。それも受け入れると，「この商品，お買い求めいただけませんか」と，商品購入の要求を受け入れさせていくようにもっていくのです。このように，徐々に要求をつり上げていくところから，段階的要請法ともよばれています。

　一方，ドア・イン・ザ・フェイス・テクニックは，要求を一度断らせてから，本来の要求を受け入れさせてしまうやり方です。このため，最初の要求は断ってもらうことを目的にします。例としては，「財布忘れたので，1万円貸して」と相手が必ず断るような要求をします。「1万円は貸せないよ」と断ってきたら，「そうだよね，じゃ，3千円でいいや」と要求を落として，本来の目的を承諾させてしまうのです。他者からの依頼を断ると，人は罪悪感を抱くため，その後の要求や依頼を断りにくくなるという心理を利用した要求法であり，譲歩的要請法ともよばれています。

　ロー・ボール・テクニックは，魅力的な要求を承諾させたあとで，さまざまな条件を付けて，結果的にはあまり受け入れたくない条件も飲ませてしまう方法です。「今ならこの値段でこの車が手に入ります」と，安い価格で購入契約を取り付けた後で，さまざまなオプションを付けて行き，結果的には高額な支払いをさせてしまいます。人は，一度手に入れたものを容易に手放したくないという心理が働くため，それをうまく利用した要請法ということになります。

【参考文献】

青井和夫 1974 家族とは何か 講談社現代新書
秋山邦久 2001 「折り合い」の視点からみた青少年の問題行動 研究紀要第18号 子ども虹情報研究センター
秋山邦久 2007 親・教師の心の安定がほめ方・叱り方に与える影響 児童心理856号 金子書房
秋山邦久 2007 子どものSOSは，こんなところに現れる 別冊PHP 子どもの不安・悩みに気づくお母さん PHP研究所
Aries, P. 1960. *L'enfant et la vie familiale sous I' ancien regime.* Paris : Liberairei Plon.（英訳 1962. *Centuriesofchildhood : A social history of family life.* New York : Vintage Books.）
（アリエス，P. 杉山光信・杉山恵美子（訳）1980 〈子供〉の誕生 —アンシャンレジーム期の子供と家族生活 みすず書房）
岩村暢子 2005 〈現代家族〉の誕生 —幻想系家族論の死 勁草書房
瓜生武 2004 家族関係学入門 日本評論社
Erikson, E. H. 1950. *Childhoodsndsociety.* New York : Norton.
（エリクソン，E. H. 仁科弥生（訳）1977 幼児期と社会1 みすず書房）
太田昌孝 2006 自閉症児の他者理解の発達における機能連関の特異性 —愛着，共同注意，誤った信念理解の特異な形成過程— 自閉症スペクトラム研究第5巻 第1号
岡堂哲雄 1991 家族心理学講義 金子書房
落合恵美子 2004 有斐閣選書 21世紀家族へ —家族の戦後体制の見かた・超えかた— 第3版 有斐閣
柏木恵子・大野祥子・平山順子 2006 家族心理学への招待 ミネルヴァ書房
亀口憲治 2000 家族臨床心理学 —子どもの問題を家族で解決する 東京大学出版会
亀口憲治 2006（編著） 家族療法 ミネルヴァ書房
河合隼雄 原因探し，傷深める 日常生活が「癒し」に 透明なボク 神戸小6殺害事件を問う 朝日新聞（1997年7月9日版）
Kerr, M. E., Bowen, M. 1988. *Family evaluation : Anapproachbasedon Bowentheory.* New York : W. W. Norton.

（カー，M. E.・ボーエン，M. 藤縄昭・福山和女（監訳）2001　家族評価 —ボーエンによる家族探求の旅—　金剛出版）

近藤隆司・光真坊浩史　2006　高等学校における発達障害をもつ生徒への就労支援の試み　特殊教育学研究　44(1)

司馬理英子　2000　のび太・ジャイアン症候群　主婦の友社

柴田珠里　2005　アスペルガーと就労援助　そだちの科学　No.5

全国情緒障害教育研究会　2003　通常の学級におけるAD/HDの指導　日本文化科学社

シャーファー，H. R. 無藤隆・佐藤恵理子（訳）2001　子どもの養育に心理学が言えること —発達と家族環境—　新曜社

シャーマン，R.・フレッドマン，N. 岡堂哲雄・国谷誠朗・平木典子（訳）1990　家族療法技法ハンドブック　星和書店

末松弘行　1997　心身症の概念と定義　現代のエスプリ360

詫摩武俊・依田明（編著）1972　家族心理学　川島書店

武田鉄郎　2004　心身症・神経症等児童生徒の実態把握と教育対応　特殊教育学研究42(2)

十島雍蔵　2001　家族システム援助論　ナカニシヤ出版

中釜洋子　2001　家族の発達　下山晴彦・丹野義彦（編著）講座臨床心理学5　発達臨床心理学　東京大学出版会

中釜洋子　2001　いま家族援助が求められる時 —家族への支援・家族との問題解決—　垣内出版

中釜洋子　2006　家族心理学の立場から見た子どものこころの問題　小児内科38(1)　東京医学社

野村哲也　1979　異性交際と性　森岡清美他（編）テキストブック社会学（2）家族　有斐閣

平木典子　1998　家族との心理臨床 —初心者のために—　垣内出版

平木典子・中釜洋子（共著）2006　家族の心理 —家族への理解を深めるために　サイエンス社

平山順子・柏木恵子　2001　中年期夫婦のコミュニケーション態度　発達心理学研究, 12(3).

ヘイリー，J. 高石昇・宮田敬一（監訳）2001　アンコモンセラピー —ミルトン・エリクソンの開いた世界—　二瓶社

保坂亨他　2005　戦後日本社会の「子どもの危機的状況」という視点からの心理社会的分析（虐待の援助法に関する文献研究　第2報：1980年代）　子どもの虹情報センター紀要　No.3

Bowler, D. M 1992 'Theory of mind' in Asperger's syndrome, Journal of Child Psychology and Psychiatry 33
牧原浩（監修）・東豊（編集）2006　家族療法のヒント　金剛出版
Murdock, G. P. 1949. *Socialstructure*. New York : Free Press.
（マードック，G. P. 内藤莞爾（監訳）1978　社会構造 ―核家族の社会人類学―　新泉社）
Minuchin, S. 1974. *Family and familythory*. Cambridge : Harvard University Press.
（ミニューチン，S. 山根常男（監訳）1983　家族と家族療法　誠信書房）
望月嵩 1996　家族社会学入門 ―結婚と家族　培風館
望月嵩 1976　今日の離婚に見る社会病理　現代人の異常性 4 現代家族と異常性　現代のエスプリ別冊　至文堂
望月嵩・本村汎（編）1980　現代家族の危機 ―新しいライフスタイルの設計　有斐閣選書
望月葉子 2006　学校の進路指導と職業リハビリテーションとの連携②―在学中に生徒の特性を評価することの重要性―　発達の遅れと教育，No. 583
森岡清美・望月嵩 1983　新しい家族社会学　培風館
文部科学省 2005　特別支援教育を推進するための制度のあり方について（答申）中央教育審議会
宮武秀信 2007　地域における就労支援ネットワーク　特別支援教育　No28
山田昌弘 2005　迷走する家族 ―戦後家族モデルの形成と解体―　有斐閣
山根常男 1986　家族と人格 ―家族の力動理論を目指して―　家政教育社
Watzlawick, P., et al. 1974. Cange : Principlesofproblemformationandplobremresolution. New York : W. W. Norton.
（ワツラウィック，P. 他長谷川啓三（訳）1992　変化の原理 ―問題の形成と解決―　法政大学出版局）
レーナー，H. G. 中釜洋子（訳）1994　親密さのダンス ―身近な人間関係を変える―　誠信書房

事項索引

■あ行

IP（identified patient） 20
アスペルガー症候群 147・154
イエス・セット 87・94
家制度 31・54
育成相談 128
医師 128
いじめ 70
居場所 40
AD/HD（注意欠陥多動性障害） 145・154
LD（学習障害） 145・154
親連合 59

■か行

解決志向アプローチ 83
外部化 42
核家族 22・27・39
格差社会 72
学習支援 145
学習障害（LD） 145・154
学習理論 36
拡大家族 22
学童期 42
カスタマー・タイプ 84
家族なしの家族療法 155
感情の反映 72
基本的信頼感 33
ギャング・エイジ 42
共依存 59
強化子 36
共感 72・149
携帯電話依存症 80
言語的追跡 147
攻撃衝動 47
行動規範 37
行動療法 36
高齢者虐待 13
ごっこ遊び 39
コーピング・クエスチョン 160
コミュニケーション 74
コミュニケーション・パターン 157
コンプレナント・タイプ 86

■さ行

サイレント・アビューズ 126
サブ・システム 53・58
ジェノグラム 22
自我肥大 81
叱る 36
思春期 44・117
自他未分化 33
疾風怒濤の時期 45
児童虐待 11・23・59・82・126
児童虐待専門官 128
児童指導員 129
児童心理司 132
児童相談所 11・24・85・127
児童福祉司 128・132
児童福祉法 126・127
シブリング・ライバリー 59
習慣形成 42
受容 60・67

情動共有経験　147
情報処理能力　98
情報の分断化　79
譲歩的要請法　163
親権　127
心身障害相談　128
親族間殺人　14
身体的虐待　82・123・126
心理的虐待　82・123・126
スケーリング・クエスチョン　159
ストレス　111・119
性衝動　46
生殖家族　22
精神分析　35
性的虐待　82・126
世代間境界　59
説得話法　163
早期診断　154
早期発見　125・145
早期療育　145
相談調査員　128
即時性　80
措置機能　127
ソリューション・トーク　158
ソリューション・フォーカスド・アプローチ　83・93・141・155

■た行

第一反抗期　35
第二反抗期　35・47
段階的要請法　163
地域小規模児童養護施設　129
注意欠陥多動性障害（AD/HD）　145・154
超情報化社会　78

ちりばめ　94
定位家族　22・31
ドア・イン・ザ・フェイス・テクニック　163
道具的役割　62
逃避　59
同胞葛藤　59
同胞関係　53
特別支援教育　145
匿名性　80
トークン・エコノミー法　152
DV（ドメスティック・バイオレンス）　13・54・55
友蔵現象　35・39

■な行

内容　74
ナラティブ・アプローチ　141
二次障害　154
偽解決　140・157
ニート　11・16
ネグレクト　82・126

■は行

発達課題　32・43・47
発達健診　36・85
発達障害　20・147・154
発達心理学　42・45
発達精密健診　85
発達段階　32・42・50
パラドックス（症状処方）　141
反動形成　60
万能感　33・34・61
引きこもり　11・16・152
非行相談　128

ビジター・タイプ　86・97
否認　59
表出的役割　62
複合家族　22
父子家庭　22・65
父性　60
フット・イン・ザ・ドア・テクニック
　163
不登校　15・20・40・52・59・63・107・122
文脈　74・147
保健師　83・85
保育士　128
保健相談　128
母子家庭　22・65・67・130
母子カプセル化　59
母性　60
褒め　36

■ま行

マルトリートメント　126
見合結婚　30
ミラクル・クエスチョン　161

モデリング学習　42

■や行

役割期待　39
役割行動　35・38・41
役割スキル　39
役割選択　39
役割パートナー　39
役割メニュー　39
ユニークな結果　141
養育態度　58・145
養護相談　128
要約技法　159

■ら行

リソース　143
リフレーミング技法　141
臨床的マスキング現象　20
劣等感　47・61・146
ロー・ボール・テクニック　163
ロマンティック・イデオロギー　133

［著者紹介］

秋山邦久 (あきやま くにひさ)
常磐大学人間科学部心理学科教授・越谷心理支援センター所長
[**主要著書・共著・論文等**]「利用アプローチによる援助関係の変化」(催眠学研究49号),「転換期の児童福祉臨床」(こころの科学119号／日本評論社),「子どものウェルビーイング」(現代のエスプリ453号／至文堂),「子どもの身体が語る心のサイン」(児童心理832号／金子書房),「特別支援教育へのブリーフセラピー」(金剛出版),「心理学理論と心理的援助」(弘文堂),『日本の子ども虐待』(福村出版),「子どもの救済とリーガルサポート」(ぎょうせい),『心理臨床大事典』(培風館),『カウンセリング辞典』(ミネルヴァ書房),『家政学事典』(朝倉書店),『臨床心理学入門事典』(至文堂),『こころの問題事典』(平凡社), 等多数

臨床家族心理学——現代社会とコミュニケーション

2009年5月1日　初版第1刷発行
2017年11月1日　　　第8刷発行

著　者　秋山邦久
発行者　石井昭男
発行所　福村出版株式会社
　　　　〒113-0034　東京都文京区湯島2丁目14番11号
　　　　電話 03-5812-9702　　FAX 03-5812-9705
印刷　株式会社スキルプリネット
製本　協栄製本株式会社

©Kunihisa Akiyama　2009
Printed in Japan
ISBN 978-4-571-24039-3　C3011
乱丁本・落丁本はお取替え致します。★定価はカバーに表示してあります。
　（社）日本音楽著作権協会（出）許諾第0903192-901号

福村出版◆好評図書

亀口憲治 著
夏目漱石から読み解く「家族心理学」読論
◎2,400円　ISBN978-4-571-24045-4　C3011

夏目漱石とその家族との関係に焦点を合わせ,現代日本の家族がかかえる心理特性,心理的問題の深部に迫る。

子どもの虹情報研修センター 企画／保坂 亨 編著
日本の子ども虐待〔第2版〕
●戦後日本の「子どもの危機的状況」に関する心理社会的分析
◎6,800円　ISBN978-4-571-42034-4　C3036

戦後日本の子ども虐待に対する社会の認識や施策の変遷等,膨大な文献調査をもとに詳述。07年初版の増補版。

野口啓示 著
被虐待児の家族支援
●家族再統合実践モデルと実践マニュアルの開発
◎3,800円　ISBN978-4-571-42015-3　C3036

児童養護施設で長年実践に携わる著者が,被虐待児の家族再統合プログラムの開発を詳述。専門家必読の書!!

土井髙德 著
虐待・非行・発達障害 困難を抱える子どもへの理解と対応
●土井ファミリーホームの実践の記録
◎1,800円　ISBN978-4-571-42030-6　C3036

深刻な困難を抱える子どもたちが,新たな関係性の絆を育て,生きる力を取り戻す,感動の支援・実践記録。

増沢 高 著
虐待を受けた子どもの回復と育ちを支える援助
◎1,800円　ISBN978-4-571-42025-2　C3036

虐待を受けた子どもたちの回復と育ちを願い,彼らへの理解と具体的援助の在り方を豊富な事例をもとに解説する。

増沢 高・青木紀久代 編著
社会的養護における生活臨床と心理臨床
●多職種協働による支援と心理職の役割
◎2,400円　ISBN978-4-571-42047-4　C3036

社会的養護で働く心理職の現状と課題を踏まえ,多職種協働の中で求められる役割,あるべき方向性を提示。

武藤素明 編著
施設・里親から巣立った子どもたちの自立
●社会的養護の今
◎2,000円　ISBN978-4-571-42046-7　C3036

アンケート調査と当事者の経験談から日本における児童福祉及び社会的養護からの自立の在るべき姿を模索する。

◎価格は本体価格です。